Alfred Tomatis

Das Ohr – die Pforte zum Schulerfolg

Foto: Dr. Bruno *Kottwitz*, Kassel

Auch in Europa war das Wissen über die „Geburt" aus dem Ohr bekannt. (Sarkophag Heinrichs des Ersten, Anfang des 14. Jahrhunderts, Elisabeth-Kirche in Marburg)

Alfred Tomatis

Das Ohr die Pforte zum Schulerfolg

Schach dem Schulversagen

vml verlag modernes lernen - Dortmund

Herausgeber: Eckhard Tamm, Schwarzenbek

---

2. Aufl. 1999 (3.-4. Tsd.)

Herstellung: Löer Druck GmbH, 44139 Dortmund

Titelfoto: TCL / Bavaria

Bestell-Nr. 1910 ISBN 3-8080-0414-2

Inhalt

Vorwort

An erster Stelle möchte ich meinem geistigen Lehrer, Sherab Gyaltsen Rinpoche Amipa, dafür danken, daß er mich ermutigt und unterstützt hat, mich mit der von Prof. Dr. med. A. Tomatis erforschten Methode auseinanderzusetzen, und mich in aussichtslosen Zeiten immer wieder bestärkte, an der Richtigkeit meiner gefaßten Überzeugung und meinen Einsichten nicht zu zweifeln, sondern an ihnen festzuhalten. Sein aktives, stilles, ausdauerndes Vorbild, Texte zu gestalten und zu veröffentlichen, haben mich veranlaßt, in gleicher Art und Weise an dem Text dieses Buches zu arbeiten, obwohl weder von irgendeiner Seite dazu eine Ermunterung erfolgte, noch die Aussicht bestand, es wirklich publizieren zu können.

Von Freunden wurde ich belächelt, andere rieten mir, das Vorhaben als „fixe Idee“ wieder aufzugeben. Meine Überzeugung von der Bedeutung der Erkenntnisse von Professor Dr. med. Alfred Tomatis aber blieb fest. So war ich umso dankbarer für den zähen und immer wieder aufs Neue bereiten Arbeitseinsatz sowohl der Übersetzerin als auch meiner Mitarbeiter, bis der Text zu dem wurde, was er heute ist. Deshalb möchte ich an dieser Stelle noch einmal allen, die an diesem Buch mitarbeiteten, meinen herzlichen Dank sagen.

In Anbetracht der öffentlichen Diskussionen über Schultypen und immer neuer Experimente an den Schulen, ist es doch verwunderlich, daß Deutschland im Nationenvergleich des Schulerfolges zur Zeit an 27. Stelle liegt. Hinzu kommt jetzt noch, wie auch Tomatis mit seinen Forschungen zeigt, die unnötige und völlig falsch verstandene Rechtschreibreform, die zu weiteren erheblichen Verunsicherungen der Kinder und der Lehrerschaft führt. Er gibt in diesem Buch begründete und nachvollziehbare Erklärungen über die Ursachen der Schulschwierigkeiten und deren negative Auswirkungen auf alle Betroffenen. Er zeigt auch die entsprechenden erforderlichen Auswege aus diesem ganzen Dilemma auf.

So ist es meine Absicht, vielen verzweifelten Eltern und Lehrern dadurch eine Hilfe anzubieten, daß sie diese Ursachen der Schwierigkeiten ihrer Kinder in der Schule verstehen lernen. Die Lektüre vermittelt darüber hinaus ein wirkliches Verständnis für den berechtigten und Erfolg versprechenden Ansatz zur Abhilfe und Überwindung all dieser Schwierigkeiten.

Da ich selbst auf dem Gebiet der Audio-Psycho-Phonologie über mehrere Jahre tiefgehende praktische Erfahrungen sammeln konnte, weiß ich heute, daß das von Prof. Dr. med. A. Tomatis entwickelte Horchtraining in einem weit aufgefächerten Bereich der kindlichen Entwicklungsstörungen tatsächlich für zahllose Kinder einen sicheren Weg gibt, viele ihrer Schwierigkeiten zu überwinden. Aufgrund meiner empirisch gewonnenen Erkenntnisse, daß Hören, Horchen, Lernen und Sich-Entwickeln zusammen gehören, ist es mir ein Herzensbedürfnis, das Wissen über diese Methode allgemein bekannter zu machen und möglichst vielen Betroffenen diesen Weg aufzuzeigen. Bei den immer stärker werdenden Restriktionen, sowohl im Schulbereich als auch in der Gesundheitsfürsorge, ist es umso notwendiger, für die betroffenen Kinder die effektivste Form der Hilfestellung zu finden: dazu soll dieses Buch beitragen. An erster Stelle geht es darum, daß die Kinder und ihre Eltern sowie auch Lehrer, nicht mehr länger an den „Lernunfähigkeiten“ der Kinder leiden müssen, denn es gibt wirklich einen erfolgversprechenden Weg. Die Hilfe, die das Horchtraining bietet – so hat es sich gezeigt – ist umfassend zu begreifen für alle vom Leben abverlangten Lernprozesse, z.B. auch für Studenten, etwa zur Überwindung ihrer Prüfungsängste, oder für „Dauer-Arbeitslose“ zur Integration neuer Wissensbereiche.

Möge dieses Buch auch zu Projekten anregen, die wissenschaftlich die Ergebnisse dieser Methode überprüfen und so gegebenenfalls die Ergebnisse, von denen Alfred Tomatis in diesem Buch berichtet, bestätigen. Ich wünsche mir für viele namenlose an der Schule leidende Kinder auch einmal einen entschlossenen, großzügigen Sponsor, der sich ihres Leidens erbarmt und ein solches Forschungsprojekt anschiebt und erfolgreich vorantreibt.

Die dem Buch angefügten Berichte von engagierten, französischen Lehrern, die im französischen Schulsystem ihre Versuche erfolgreich durchführen, mögen auch couragierten deutschen Lehrern Mut machen, Ähnliches zu wagen. Sie können so die Bereitschaft der Kinder, mit Lust zu lernen, verstärken und damit den Erfolg der Schule vergrößern.

Für jeden Menschen, dem durch das Buch „Das Ohr – die Pforte zum Schulerfolg“ Nutzen erwächst, haben sich all unsere Mühen gelohnt.

Schwarzenbek, im Januar 1998 *Eckhard Tamm*

Einleitung

Schach dem Schulversagen

Zum Unterrichtswesen gehört das Wort Reform. Schulversagen wirft aber immer wieder all diese schönen Reformpapiere auf ihre triste Realität zurück. In einer ersten Klasse mit 30 Schülern haben 10 Kinder kein Problem, 10 schaffen es irgendwie, und die letzten 10 werden in die Kategorie der Schwachen jeder Art eingestuft: Leseschwache, Schreibschwache oder Rechenschwache (Anmerkung der Übersetzerin: Alle statistischen Angaben beruhen auf Untersuchungen in Frankreich).

Tatsächlich haben mehr als 60 % der Schüler Schwierigkeiten in der Schule, und nach der Grundschule kann mindestens jedes zweite Kind nicht lesen. Wie viele Kinder werden die Schule abschließen und den gewünschten Beruf ausüben?

Diese Verteilung ist nicht schlechter als früher. Aber die Welt hat sich geändert, und die Statistiken sagen nichts aus über das Unglück dieser jungen Leute mit Kommunikationsproblemen in einer Gesellschaft, die immer mehr von ihnen fordert.

Es fehlt nicht an Publikationen über die Gründe des Schulversagens. Jeder Spezialist, je nach Erfahrung und Disziplin, hat seine Erklärung. Angeklagt werden abwechselnd die sozio-kulturellen oder psychologischen Bedingungen, die mangelhaft angepaßte Pädagogik, das intellektuelle Niveau, die Vielfalt des Wissensstoffes, die Zivilisationskrise.

Auch Arbeitsbedingungen der Kinder, überfüllte Klassen, alte oder heruntergekommene Gebäude, das Orientierungssystem, ein Mangel oder ein Zuviel an Reformen ... Tausend Erklärungen, die sich in den Schwanz beißen, denn sie bleiben auf der Horizontalen und führen tatsächlich zu einer wahren Flucht „nach vorn“. Schließlich scheinen alle verantwortlich zu sein, jeder fühlt sich schuldig, und das Kind versagt weiter auf der ganzen Linie, wird allmählich ausgeschlossen, und schließlich wird es zum Außenseiter.

Warum nicht zugeben, daß wir in Theorie und Praxis des Unterrichts keinen Ausweg sehen. „Es geht nicht“, mit dieser Bemerkung enden zahllose Schulbesprechungen. Sie fassen die Erfahrung von Tausenden hilfloser Lehrer zusammen.

Seit mehr als 40 Jahren behandele ich Kinder mit Schulschwierigkeiten. Heute liegt mein Erfolg bei der Behandlung der Leseschwäche bei mehr als 90 %. Fern von allen ideologischen Debatten glaube ich, daß man sich „wieder auf das Kind besinnen“ muß und „auf seine Schwierigkeit, zu leben“.

Schüler mit Lernschwierigkeiten haben immer dieselbe Art der Schwierigkeit, die sich in folgenden Zahlen zeigt: 60 % können weder lesen noch schreiben, noch richtig rechnen. Die Grundmechanismen des Lernens sind blockiert. Ein Kind, das diese „Grund-Werkzeugkenntnisse“ nicht integriert hat, wird schnell von der Schule verdammt und von der Gesellschaft zurückgestoßen.

Am Beginn dieser Mißerfolge gibt es immer – darüber sind sich alle einig – ein Kommunikationsproblem. Ich habe dieses Problem genauer lokalisiert, indem ich festgestellt habe, daß die überwältigende Mehrheit (mehr als 80 %) dieser Kinder Hörblockaden aufzeigen.

Die klassischen Tests gehen oft am Wesentlichen vorbei, denn die Informationen, die sie geben, betreffen nur das einfache Hören. Als erstes im Fötus entwickeltes Sinnesorgan ist das Ohr die wahre Zugangspforte zur Welt in uns. Es funktioniert als Kraftmaschine des Gehirns und des Nervensystems.

Ein Kind, das sich nicht konzentrieren kann, das Sprachschwierigkeiten oder Verhaltensstörungen hat, hat sein „Hörverlangen“ mehr oder weniger abgestellt. Es kann auch seine Gedanken nicht klar ausdrücken, richtig wiederholen und seine Sprache kontrollieren. Dieses Handikap ist die Ursache von allen Lernschwierigkeiten. Die Folgen sind verhängnisvoll und unausweichlich. Ein Kind, das die Laute nicht genau analysieren kann, wird sie auch schriftlich nicht wiedergeben können. Rechtschreibfehler häufen sich dann. Mit dem Buchstaben in einer Leseübung konfrontiert, ist es unfähig, den Text zu entziffern.

Eltern und Lehrer finden hier nicht ein weiteres Pamphlet gegen Familie oder Schule, die die wichtigsten Orte für die Entfaltung des Kindes bleiben. Die Schwierigkeiten, die es dort findet, sind nie endgültig. Denn, wenn das Hören im Zentrum der Lernmechanismen steht, gibt es auch eine Pädagogik, die es ermöglicht, Verzögerungen und Blockaden zu überwinden, indem das Hören dem Kind die Pforten zum Wissen öffnet.

1.

Zeugnis

Er heißt Lionel, ist neun Jahre alt. Seine Geschichte ist die aller Legastheniker, aller Kinder, die sich in der Schule von Mißerfolg zu Mißerfolg bewegen. Man sagt dann, er ist ein „typischer Fall“ und stempelt ihn für immer ab.

Der Lehrerrat läßt ihn die erste Klasse wiederholen. Aber dort gibt es dieselben Schwierigkeiten. Dann, im Laufe des Schuljahres, versetzt man ihn in eine „Eingewöhnungsklasse“, eine schwerere tiefere oder eine höhere leichtere. Über Lionel ist das Urteil gesprochen. Die Lehrer bezeichnen ihn als „labil“ , man sagt auch, „unfähig, sich zu konzentrieren“.

Sein Zeugnis ist niederschmetternd mit katastrophalen Zensuren in Rechtschreibung, im Lesen und einem vernichtenden Urteil über seinen „Mangel an Festigkeit und Willensstärke“.

Die Eltern werden zum Direktor bestellt und aufgeklärt: „Lionel ist verhaltensgestört“, sagt man ihnen, „er spielt nicht mit den anderen und ist besonders aggressiv“. Wie könnte er übrigens Lust haben, mit Kameraden zu verkehren, die aufgrund seiner chaotischen Schulsituation jährlich wechseln? Man rät den entsetzten Eltern, einen „Spezialisten“ zu konsultieren. Schon zum Sonderfall abgestempelt, kommt er nun in den Kreislauf der „Psycho“ und „Ortho“ jeder Art. Jeder hat seine Methode. Jedes Gespräch ist eine Tortur.

Wenn man ihn befragt, weiß er nicht, was er antworten soll. Seine Stimme ist dumpf und düster, die Wörter überstürzen sich in seinem Mund und werden zu unverständlichen Sätzen.

Das Urteil wird gefällt, oft grausam: „Ihr Kind ist eben nicht so begabt. Es ist schon allerhand, daß er überhaupt so weit gekommen ist.“

Er wird in ein heilpädagogisches Institut geschickt zum „Sonderunterricht“. Lionel muß sich wieder an eine neue Umgebung und an andere Kameraden gewöhnen. Nach zwei weiteren Schuljahren mit zusätzlichem Einzelunterricht und einer Armee von Fachpädagogen sind die Ergebnisse immer noch entmutigend.

Und doch, tief im Inneren spürt Lionel Fähigkeiten und eine gewaltige Lebenslust, aber sie bleiben verschüttet, ohne die Möglichkeit, sich zu äußern. Mit diesem Handikap, das zu den anderen dazu kommt, verschließt er sich allmählich in trotzigem Schweigen. „Wozu?“, sagt er sich, „niemand versteht mich.“ Und Lionel kann seine Geschichte nicht erzählen. Vielleicht später, wenn er das Glück hat, aus der Sache herauszukommen.

So ist es einem der Psychologen ergangen, der eines der Zentren leitet, in dem unsere Techniken angewandt werden. Er ist vor ca. 20 Jahren zu mir nach Paris gekommen; seine Fortschritte waren gewaltig, so spektakulär, daß er beschloß, sein Leben der Hilfe der Kinder mit demselben „tückischen Leiden“, wie er es hatte, der Legasthenie, zu weihen.

Genauso wie Tausende Kinder in derselben Lage leidet Lionel nicht an einer geistigen Behinderung, ist auch nicht Opfer eines unbekannten Virus. Er ist in seinem eigenen Land wie ein Fremder, der die Sprache nicht spricht.

Paul Madaule verwendet (in einem Bericht, der zur Zeit, als ich dieses Buch schrieb, noch nicht veröffentlicht war) zwei starke Vergleiche, um die geistige Verfassung des Legasthenikers zu beschreiben und sein so besonderes geistiges Universum darzulegen.

Stellen Sie sich vor, Sie sind in Japan (oder in einem anderen Land, dessen Sprache Sie nicht kennen) in einer Notsituation und müssen sich unbedingt verständlich machen. Aber da Sie nur ein sehr knappes sprachliches Gepäck haben, äußern Sie sich nur annäherungsweise. Die Wörter kommen mit Schwierigkeit und erlauben nicht, den Gedanken zu nuancieren. Ihr Gesprächspartner will es verdeutlichen, aber Sie verstehen nicht, was er sagt. Sie antworten noch einmal abwegig, und die Unterhaltung nimmt eine andere Richtung, der Sie auch wieder nicht folgen können. „Eine solche Unterhaltung", schreibt Paul Madaule, „ist gespickt mit Mißverständnissen, die den Inhalt der Unterhaltung verfälschen und die Beziehung zwischen den Gesprächspartnern zerstören."

Stellen Sie sich nun vor, Sie haben einen sehr schlechten Telefonapparat. Nur einige gängige und einfache Wörter sind noch zu verstehen. Wie kann man eine spezifiziertere Nachricht übermitteln? Die Situation erinnert an den bekannten Sketch „Das Telegramm", in dem Yves Montand versucht, einer abgestumpften Telefonistin, von Simone Signoret gespielt, den Text eines schönen Liebesgedichtes zu diktieren. Wegen ihres Unverständnisses muß er jedes Wort buchstabieren mit den Anfangsbuchstaben eines Vornamens, um sich besser verständlich zu machen. Der zarteste Gedanke erhält so den Charme eines Telefonbuchs.

Dabei stellen diese beiden Situationen, die schon sehr schwierig sind, nur die Hälfte der Probleme des Legasthenikers dar, denn in diesen beiden Beispielen haben der Reisende, beziehungsweise der Verliebte (im Geiste) eine klare Vorstellung von dem, was sie sagen wollen. Der Legastheniker aber hat nicht einmal eine Sprache, in der er sich wohlfühlt. „Wie seine schlecht strukturierte Sprechweise, so bleiben auch seine Ideen konfus und unübertragbar. Er ist Legastheniker, auch in seinen Gedanken", führt Paul Madaule aus.

Dieses Land, in dem er sich als Fremder fühlt, bis in das Sprechen hinein, ist aber doch das Seine. Warum versteht man ihn nicht? Nach Erklärungen und Dialogversuchen gibt das Kind schließlich auf und „stößt eine Welt zurück, von der es zurückgestoßen wird".

Der Legastheniker irrt vor den Pforten der Sprache wie die Seelen im Purgatorium von Dante. Er versteht nicht, warum er nicht den Schlüssel ererbt hat. Die Wörter, die Sätze sind für ihn wie schlecht sitzende Prothesen. Man könnte sagen, daß diese Kommunikationsschwierigkeit auf den ganzen übrigen Körper abfärbt. „Oft sind sie ungeschickt in den Bewegungen“, erklärt Paul Madaule, „sie scheinen behindert von ihrem Körper, als ob sie ein neues oder zu enges Kleidungsstück trügen. Sie wissen nichts mit ihren Gliedmaßen anzufangen, besonders mit den Händen. Ob nun steif oder lässig, ihrer Körperhaltung fehlt es an natürlicher und geschmeidiger Art. Sie sind Legastheniker bis in den Körper hinein.“

Die großen Reisenden kennen das nostalgische Gefühl bei einer langen Reise im Ausland gut. Es ist das „Heimweh“. Die Engländer haben ein noch stärkeres Wort, sie sprechen von „Heimkrankheit“. Aber welchem Land kann sich der Legastheniker zuwenden?

Er verbringt tatsächlich seine Zeit damit, der Realität zu entkommen, und träumt von besseren Tagen, immer verschoben auf enttäuschende nächste Tage.

„Er wird dieses Land, das es nicht gibt, verinnerlichen und in der Phantasie glaubhaft machen.“

Das ist kein Spaß für ihn. In der Schule hat er immer schlechte Noten. Die Stimmung zu Hause leidet, wenn er immer katastrophalere Zeugnisse bringt. Der Legastheniker stört die ganze Umgebung, und das Nicht-Verstandenwerden, das er auslöst, bewirkt ihm gegenüber eine starke Aggressivität. Die ganze Familie wird zum Versager. Man sucht Verantwortlichkeiten, Ersatzlösungen, nichts klappt.

„Dann“, schließt Paul Madaule, „zählt er wie ein Gefangener in seiner Zelle die Tage bis zu den Ferien, in denen er entkommen kann, wie er es sich vorstellt. Wenn sie schließlich da sind, verwandelt sich der Traum wieder in Realität, in die Realität einer legasthenischen Welt bis hin in die Freizeit. Sein inneres Unbehagen wird zu Langeweile und Passivität, Nährboden für Befürchtungen und Angst. Angst vor dem Wiederbeginn der Schule, der unaufhaltsam näher rückt mit der angehäuften Last der vergangenen Mißerfolge: Sitzenbleiben, Schulwechsel, Internat.“

2.

Klassisches Schulversagen

Früher behandelte man Kinder mit Schulproblemen als „Idioten“. Heutzutage nehmen sie selbst diesen Zustand und dieses Etikett für sich in Anspruch. „Ich bin nicht gut in der Schule, weil ich faul bin. Ich bin nicht intelligent, ich kann nichts, ich störe den Unterricht.“ Das Versagen in der Schule ist heute etwas Banales, und es ist erschreckend, festzustellen, daß acht- oder neunjährige Kinder ihre Unfähigkeit, wie die anderen zu leben, als Schicksal betrachten können.

Dennoch fehlt es nicht an Erklärungen. Lehrer, Journalisten, Psychologen, die unterschiedlichsten Spezialisten bieten ihre Lösungen an. Man beschuldigt das sozio-kulturelle Milieu, die Familie, die Krise der Gesellschaft, das Schulleben, die Lehrerausbildung, die Lesemethoden, das Auswahl- und Orientierungssystem, den Mangel an Reformen vom Bildungsministerium oder deren zu große Zahl.

Der schlechte Schüler gibt auf

Das Wort Schule kommt aus dem Lateinischen „schola“ und bedeutet „Ort, an dem man sich vergnügt“, aber heute ist es für unzählige Schüler ein Synonym für Leiden und Verzweiflung.

„Mein Kind ist faul, er tut nichts in der Schule“, hört man von verzweifelten Eltern, die es satt haben, sich zu Hause immer katastrophalere Zeugnisse vorlegen zu lassen. Der erste Reflex ist, Verantwortliche zu suchen. „Wenn es nicht am Kind liegt, dann am Lehrer“, sagen sie sich. Dann stellen sie alles in Frage. Die Eltern fühlen sich schuldig und versuchen, die Schwierigkeiten ihres Kindes mit irgendeinem Dilemma oder Ereignis des Alltags zu begründen. Zahlreiche Psychologen raten, „die schmutzige Wäsche in der Familie zu waschen“ oder „alles auszupacken“, um das Problem „an das Licht zu bringen“.

Sehr rasch wächst die Spannung, und die ganze Familie sieht sich als Versager. Dabei ist das Kind doch guten Willens. Der schlechte Schüler ist oft einer, der besonders viel arbeitet in der Klasse. Er strengt sich besonders an bei dem Versuch, eine feindliche Umwelt zu verstehen. Wie lange kann er durchhalten?

Paradoxerweise ist ein Schüler mit Schwierigkeiten oft ein Kind mit sehr guten Gaben. Seine Kenntnisse setzen seine Umgebung in Erstaunen. Gegenüber einer verschlossenen und undurchsichtigen Welt entfaltet er Schätze von Phantasie, Geschicklichkeit und Intelligenz, um sich auf das Niveau seiner Kameraden hinaufzuschwingen, aber seine Anstrengungen gehen ins Leere. Er hat nie Erfolg. Er versteht nichts im Unterricht, und in den Arbeiten, die er abliefert, wimmelt es von Rechtschreibfehlern, und sie sind mit unsicheren Buchstaben geschrieben.

Dem Durcheinander in seinem Heft entspricht sein geistiges Durcheinander. In der Schule hagelt es schlechte Noten, und zu Hause werden die ärgerlichen Bemerkungen und die Kritik immer härter. Die Eltern sind hilflos, und nach und nach gibt der schlechte Schüler auf. „Es hat ja doch keinen Zweck“, denkt er, „es ist ja doch immer dasselbe.“

Das dramatische Leiden des Schulversagers wird verstärkt durch die Verständnislosigkeit der Angehörigen. Nimmt man ihn überhaupt ernst? Er deutet das nämlich als zusätzliche Ungerechtigkeit. Welchen Ausweg läßt man ihm? Er läuft erhebliches Risiko und verläßt allmählich seine Umwelt, wird „verhaltensgestört“, flüchtet sich in mehr oder weniger schwere Pathologie. Aber ist diese nicht die Quelle seiner Anfangsschwierigkeit? Es ist seine Gegenantwort an eine Welt, die sich ihm verschlossen hat.

Genau wie Gehen oder Sprechen ist Lernen dem Menschen natürlich, eine immer wieder neue Quelle der Freude. Es gibt keinen geborenen schlechten Schüler, kein Kind ohne die Fähigkeit, die Kenntnisse richtig zu integrieren. Diese Behauptung, wie ein Glaubensbekenntnis, macht es möglich, die Ängste zu erkennen, denen Kinder mit Schulschwierigkeiten ausgesetzt sind. Wie die Kameraden haben sie einen erstaunlichen Lebenstrieb in sich. Aber eines Tages, durch Pech, sind sie in einen tiefen Brunnen gefallen. Werft ihnen ein Seil zu, sie werden daran hochklettern – ganz allein.

Die Jagd auf den schlechten Schüler wird Sache der „Bildungsindustrie"

Heutzutage werden wir einem neuen speziellen Problem gegenübergestellt. Es kommt von dem wachsenden Einfluß von „psychologischen" Hilfstechniken in den Schulen. Der schlechte Schüler trägt heute keine Eselsmütze mehr, sondern verschiedene Etiketten. Die Fachleute machen sich das Geschäft mit dem schlechten Schüler streitig. Leseschwach, rechenschwach, schreibschwach. Viele vermeintliche Fachausdrükke lassen ein „paramedizinisches" Universum anklingen, und das Kind wird allzuleicht der Kontrolle der Schule und der Familie entzogen. Es wird zum Fall.

Fachleute für Psychomotorik, Sprachheilkunde und Psychotherapie, alle diese Zusatzfunktionen sind zwar nützlich, aber warum sollte man das Kind zu ihnen drängen? Es ist, als ob die Umgebung (aus Zeit- und Aufmerksamkeitsmangel) vor ihrer Verantwortung flüchten möchte. Übrigens können diese Hilfsmittel ebenfalls versagen. Dann ist das Kind für immer verurteilt. Seine Rettung ist auf den Sanktnimmerleinstag verschoben. „Es ist nichts mehr zu machen, es muß die Schule abbrechen", sagt man und läßt die Arme sinken.

Manche ärztliche Spezialisten behaupten, Leseschwäche sei genetisch, also erblich bedingt. Wenn das stimmen würde, wie wäre es dann zu erklären, daß es immer wieder, immer mehr Kinder schaffen, sich davon zu befreien? Wenn es ihnen besser geht und sie in der Schule aufholen, gilt ihr Erfolg oft als Provokation. Der Lehrer selbst ist sprachlos. Ist nicht ein Teil seiner Macht in Frage gestellt? Der schlechte Schüler scheint auf den richtigen Weg zurückzukommen. Hat er etwa „mit Absicht" Mißerfolge angehäuft? „Der Faulpelz fängt an, zu arbeiten", wird ihm nun gesagt – eine schöne Ermutigung!! Geheimnisvoll, wenn der schlechte Schüler scheitert, suspekt, wenn er Fortschritte macht.

Von der Schule abgelehnt, unempfindlich für alle parallellaufenden Therapien, was wird am Ende mit dem Kind? Es hat alle, die die besten Absichten hatten, ihm zu helfen, entmutigt, keiner will es, aber es ist immer noch da mit verhundertfachten Problemen, Opfer eines wachsenden Unverständnisses. In seinem Innern kommt nach der Verwirrung die Stunde der Revolte. Wie entstand dieser Zwang, in dem es sich verwickelt? Lassen wir einen Augenblick die geteilten Verantwortlichkeiten beiseite, die tückischen Gründe, die hartnäckige Bitternis, die ungewöhnlichen Ursachen, die es in diese Lage gebracht haben. Welches auch immer die psychologischen und beziehungsbedingten Gründe sind, ganz am Anfang seines Handikaps steht eine „Blockade". Oft erinnern sich die Eltern daran: „Ja, er hat Eingewöhnungsschwierigkeiten gehabt, als er in die erste Klasse kam, er las schlecht am Anfang", sagen sie auf Befragen. Manchmal gehen die Anzeichen noch weiter zurück. „Ungefähr mit vier Jahren sind seine Fortschritte im Sprechen ins Stocken gekommen."

Diese Integrationsschwierigkeiten zeigen ein Hindernis an in den Prozessen und einen Mangel der Hörfähigkeit des Kindes. Es ist bewiesen, daß mehr als 80 % der Schüler mit Schulschwierigkeiten Hörblockaden aufweisen. Sie haben „audiometrisch" gesehen ein „normales" Ohr, haben aber im Hören wesentliche Schwächen, die entdeckt werden können durch einen spezifizierten Hörtest.

In einer schwierigen Situation hat sich das Kind verletzlich gefühlt, es hat reagiert wie eine Muschel in unvorhergesehener Lage, indem es sich verschloß und seiner Entwicklung Einhalt gebot. Es hat eine Entwicklungsstufe verpaßt, wie ein Reisender einen Zug verpaßt. Muß man ihn einer Befragung unterziehen über seine Verspätung oder soll man ihm helfen, den nächsten Zug zu bekommen? Der Fahrplan bietet reichlich Möglichkeiten, daß er eine andere Lösung finden kann. Das Kind hat sein ganzes Leben vor sich, um zu lernen, daß Züge pünktlich abfahren.

Plato oder Dorothee

Man hört immer wieder, daß Eltern sich beklagen, daß die Lehrer zu viel von den Kindern verlangen. „Man stopft ihnen das Hirn voll. Kein Wunder, daß sie müde sind." Auch das ist ein Vorurteil, denn jede der 15 Milliarden Zellen im Kopf eines Kindes ist fähig, jede für sich, die gesamten Kenntnisse der Menschheit zu integrieren, und bei diesem neurologischen Reichtum gibt es keine Ungleichheit.

Das Kind „weiß" alles. Egal aus welchem sozialen, kulturellen oder (muß man daran erinnern) rassischen Milieu es kommt, es ist dazu geboren, sich der gesamten Welt zu öffnen. Sein Gehirn kann weit mehr als der leistungsfähigste Computer, den man erfinden könnte.

Wenn ich sage, Kenntnisse beruhen auf einem Prozeß der Wiederentdeckung, so ist das keine neue Idee. Diese alte Idee, heute mehr denn je aktuell, geht auf Plato zurück. Durch den Spracherwerb kommt das Kind auf das Niveau der Humanisierung, das nötig ist, damit der Kosmos, der zu ihm spricht, es wirklich ansprechen kann. Es ist dann bereit, ihn sehr schnell zu integrieren.

Sich selbst überlassen zeigt uns das Kind, daß seine Aufnahmekapazität unbegrenzt ist. Man bringt ihm nie genug bei. Wenn es sich über Müdigkeit beklagt, ist es niemals wegen eines Übermaßes an Kenntnissen, welches das Gehirn zurückweist, weil es eine solche Fülle nicht verdauen kann. In der Tat, wenn man die natürlichen Rhythmen beachtet, hören unsere 15 Milliarden Zellen nie auf, zu arbeiten. Ich habe Kinder von weniger als drei Jahren gesehen, die das Alphabet lernten, während sie Fernsehen sahen oder in Zeitschriften blätterten. Als sie das Schulalter erreichten, mußte man wieder bei Null anfangen. Waren sie deshalb dumm geworden?

Eines Tages stand bei mir ein kleines Mädchen vor einem Bild von Anna Eva Bergmann, der Frau des großen deutschen Malers Hartung. Sie war 4 1/2 Jahre alt und verteidigte das Werk ihrer viel älteren Cousine gegenüber, die davon nichts hielt. Nach einem Streit sagte die Ältere: „Dein Bild ist nichts wert, so etwas kann ich auch, es sagt überhaupt nichts aus." „Oh doch", antwortete das kleine Mädchen, „es sagt uns etwas, das sind goldene Träume." Dasselbe Kind fragt sich sechs Monate später vor demselben Bild ganz erstaunt mit lauter Stimme, wie man so etwas Dummes malen kann. Inzwischen hatte sie ihre ersten Sporen in der Schule erworben, wo der Lehrer ihr gezeigt hatte, Kastanienblätter nachzuzeichnen, und sie gezwungen hatte, Gegenstände außerhalb ihrer Phantasie und Einbildung zu malen. Die Schule hatte in wenigen Wochen ihre keimende Kreativität zerstört. Eine natürliche positive Bewegung bringt das Kind zu seiner Umgebung und zu dem Schönen, aber diese Neugier ist noch etwas ganz Zerbrechliches. Ein Nichts kann sie zerstören.

Nicht die Schule steht zur Debatte, sondern die Qualität des Lehrers. Manche Pädagogen lassen von den Kindern die Grammatik und logische Satzanalyse wiederentdecken ohne jegliche Hilfe. Ausgeschnitten, auseinandergerissen, verbunden durch Bindfäden und an der Tafel aufgehängt, vereinigen sich die Wörter und Sätze miteinander und enthüllen eine Welt von Kombinationsmöglichkeiten und sehr anregenden Spielen. Die Rolle des Lehrers ist dann, bei dem Kind die Erkenntnis von der Beziehung zwischen den Elementen zu wecken: die Wörter und die Sätze. Wenn er von seinem Pult aus von „Epitheton“ und „Substantiv“ gesprochen hätte, hätten die Schüler es nicht verstanden, denn dieses Vokabular ist außerhalb ihrer Reichweite, aber sie sind fähig, jede beliebige Wortzusammenfügung zu demontieren, um sie wieder zusammenzusetzen, wie Lego oder Mécano. Die Grammatik wird Spiel, und die Analyse der Sätze endet in der Entdeckung eines beweglichen Universums aus vielfachen Verbindungen zwischen einfachen Elementen, die die Kinder sich schon in der Sprache angeeignet haben.

Plato erzählt (in einem seiner ersten Dialoge), wie er seinen Sklaven die Geometrie „wieder entdecken“ ließ, in wenigen Worten. Ein Kreis, ein Oval, ein Quadrat, ein Rhombus. Wir kennen alle diese Formen. Um weiter vorzustoßen und in der Analyse weiterzukommen, genügt ein Pädagoge, der dem Kind die Wege zeigt, die von einem zum anderen führen, die Verbindungen, die sich knüpfen, die Konstellationen, die sich ergeben. Er wird den Schüler aufwecken und ihn weiter entwickeln lassen, was er schon vermutete.

In dieser Öffnung des Kindes zur Welt haben die Wörter „Lernen“ oder „Arbeiten“ kaum mehr Sinn. Der erste Begriff in seiner egoistischen Bedeutung von Aneignung bedeutet schon eine Bewegung des In-sich-Verschließens, und der zweite bedeutet ethnologisch „Folter“. Kann man unter diesen Bedingungen wirklich Lust haben, zu „arbeiten“? Ein Kind verlangt, mit Information überflutet zu werden. Es ist fähig, alles zu verstehen von den Elementen aus, die es schon integriert hat seit langer Zeit, nicht zu vergessen in seinem pränatalen Leben. Wenn es in den Kindergarten kommt oder etwas später in die erste Klasse, besitzt sein Hirn schon Tausende von Informationen, auf denen man nur aufzubauen braucht. In einigen wenigen Jahren ist er vom „Infans“ (dem Kind, das nicht sprechen kann) im Bauch seiner Mutter, dann im Körbchen und am Rockschoß seiner Mutter zu dem kleinen aufgeweckten Kerl geworden mit natürlicher Neugier. Ist der Erwachsene in so kurzer Zeit ebenso kreativ?

Oft sind es dieselben Eltern, die sich beklagen, daß in der Schule von ihren Kindern zu viel verlangt wird, die sie Stunden vor dem Fernseher lassen. Inwiefern sollten die Informationen, die man in der Schule erhält, ermüdender sein als die Albernheiten, die man herunterschluckt, indem man Serien und Comics ansieht „made in Japan"? Die Schule müßte im Gegenteil ein „belebender" und Energie spendender Ort sein. Und so ist es auch für die „guten Schüler", die in guter Verfassung nach einem Schultag nach Hause gehen, bereit für andere Aktivitäten und um Dorothee (eine französische Sängerin von Kinderliedern) im Fernsehen zu sehen. Paradoxerweise „arbeiten" sie sehr viel weniger als die „kleinen Letzten" der Klasse, die ungeheure Anstrengungen vollbringen, um sich auf das Niveau ihrer Kameraden zu schwingen. Der schlechte Schüler wird übrigens nicht nur müde im Unterricht, seine Freizeit, „seine Ruheaugenblicke" leiden unter demselben Kommunikationsproblem, er entspannt sich nie.

Wenn die Integration des Wissens (wie ich behaupte) ein natürliches Bedürfnis des Kindes ist, kann man sich eine Klasse ohne Erste und Letzte vorstellen? Wie man es leider bis heute tut ! Diese Idee ist verführerisch, aber total utopisch.

Jede Entwicklung geschieht nach bestimmten Rhythmen, aber heute sind in einer Klasse mit 30 Kindern 10 gut dabei, 10 „kommen mit" und 10 versagen. Das Schulversagen betrifft also mehr als 60% der Schüler. Wenn man aber einen großen Teil wieder in den Sattel bringen könnte, würde die ganze Truppe sich einteilen in die zehn ersten Plätze, mit Variationen natürlich, zwischen den frühreifen Schülern und den sich später entwickelnden, bzw. den weniger aktiven beim Erlernen der üblichen Dinge.

Eltern sprechen auch schnell vom „hochbegabten" Kind. Man wundert sich, wenn ein dreijähriger Junge „ganz allein" anfängt, zu lesen oder zu schreiben. In dem Mund der entzückten Mutter überstürzen sich schon die großen Worte. „Er ist ein Genie, müssen wir ihm Spezialunterricht zukommen lassen ?".

Mir läuft es kalt den Rücken herunter, wenn ich mir diese Schulwelt vorstelle; eingeteilt in „künftige Nobelpreisträger" und „unverbesserliche Legastheniker". Den Hochbegabten gibt es, aber kann man ihn verwechseln mit einem Kind, das nur seinen Wunsch zeigt, die Welt zu entschlüsseln und ihr entgegen zu gehen? Was gibt es überhaupt Natürlicheres? Da genügt ein älterer Bruder neben ihm und ein interessantes Buch, das greifbar ist, um seine Neugier auszulösen. Es will seine Umgebung erfassen, alles aufsaugen, was um es herum passiert. Es erteilt uns wahrhaftig eine Lektion in Pädagogik. Unberührt von Lese- und Schreibmechanismen ist sein genetisches Gedächtnis voll mit dem Wunsch, sich in ein Universum, das mit ihm geboren ist, zu integrieren. Es will spielen und nur die Regeln beherrschen. Soll man sich wundern über die Leichtigkeit, mit der es die Stücke des „Playmobils" zusammensetzt? Wenn man das Vergnügen am Schachspielen entdeckt, „lernen" sich die Regeln leicht, und vor ihnen gibt es weder Erste noch Letzte.

Beruf(ung) – ein Glücksspiel?

Die Zukunft eines Kindes ist nicht mehr wie vor einigen Generationen vorgezeichnet. Die Familie, dann die Gesellschaft, sind zerbrochen. Die Vermischung der Gesellschaftsschichten zeigt sich ständig, und tausend Möglichkeiten bieten sich ihm. Vor den tausend Wegen, die vor ihm liegen, ist das Bewußtsein um seine Zukunft unsicher und verwirrend. Die Wahl des Berufes wird eine sehr schwierige Angelegenheit, und man braucht viel Glück, um früh seine Berufung zu erkennen.

Die Schule hilft nicht bei diesen schwierigen Erwägungen. Sie hat ein Orientierungssystem aufgestellt, das auf Zufall und Frühreife basiert. Wie viele Kinder, die Friseur werden wollten, wurden zum Maurer ausgebildet, um dann schließlich arbeitslos zu werden.

Alle Akten, alle Berichte, alle Zeitungsartikel und Fernsehsendungen über das „Schulversagen" sprechen dieses Problem an und bringen ebenso verblüffende wie niederschmetternde Beispiele.

Kürzlich fand ich in einem Artikel den Fall eines jungen Mädchens, das, obgleich sie Direktionssekretärin werden wollte, in der Ausbildung zur Metallanalyse landete, wo sie (vielleicht) Facharbeiterin der chemischen Industrie werden kann. In dem sogenannten technischen Zweig, wie viele Schüler finden eine wahre Antwort auf ihre Berufung? Kann man glücklich sein, wenn eine Klassenkonferenz einen zwingt, Schlachter zu werden, wo man doch eigentlich Maler werden wollte? Was ist zu sagen von den Tausenden Kindern, die noch nichts über ihre berufliche Zukunft wissen und die eine pädagogische Konferenz willkürlich für hochspezialisierte Berufe vorschlägt?

Die Schule macht manchmal aus diesem Sackgassensystem eine echte politische Strategie, die alles auf ihrem Weg verwüstet. In einer Fernsehsendung berichtete eine Mutter (und blieb unwidersprochen), daß man ihr gesagt hätte, da ihr älterer Sohn in eine Förderklasse gekommen sei, würde man ihren jüngeren Sohn nächstes Jahr automatisch auch in eine solche Klasse setzen. Wahrscheinlich im Namen einer Art Vererbung, die aus dem Schulversagen eine Erbkrankheit macht.

Diese schlechte Gewohnheit hat in den höchsten Etagen des Unterrichtswesens ihre Anhänger. Ich kenne persönlich einen jungen Mann, der die Schule glänzend abgeschlossen hat als Vierzigster von vierhundert. Seit dem ersten Medizinsemester wollte er Dermatologe werden. Aber nach den geltenden Erlassen kann er nur „Gastroenterologe" werden. Es wäre nicht abwegiger, wenn man von ihm verlangte, Taxifahrer zu werden. Die Jury soll ihn abgewiesen haben: „Das ist doch Medizin." Wer aber alles jahrelang investiert hat, um eines Tages Spezialist für Hautkrankheiten zu werden, und dann erkennen muß, daß sein ganzes Leben nicht ausreichen wird, um diesen leidenschaftlichen Wunsch zu erfüllen, kann sich doch nur gegen eine solche dumme Maßnahme auflehnen!

Ich muß gestehen, an seiner Stelle würde ich die zwischen Verdauungstrakt und Haut bestehenden Zusammenhänge erforschen. Der Dermatologie würde es gut bekommen, so überzeugt bin ich, daß man sich „von innen" wäscht und nicht von außen mit Seife. Es wäre aber eine ganz andere Geschichte, ein ganz anderes Buch.

Ein paar Sauerstoffflaschen schnell entleert

Angesichts des Schulversagens haben mutige, engagierte Lehrer Ersatzlösungen organisiert, bei denen versucht werden soll, die gesamte Persönlichkeit des Schülers zu berücksichtigen.

So in einer Schule in Kanada, wo Lehrer Legasthenikern helfen, durch Sport wieder eine gute Körperbeherrschung zu erlangen.

In den weiten Ebenen von Saskatchewan, in Kanada, 50 Meilen nordwestlich von Regina, erheben sich einige Gebäude, die einen seltsamen Universitätskomplex beherbergen. Die Aufnahmebedingungen sind besonders streng. Es werden nur Legastheniker in ausgezeichneter körperlicher Verfassung aufgenommen. Die Lehrer haben eine Pädagogik entwickelt, die darauf zielt, die Schüler durch intensives Training im Eishockey (dem Nationalsport in diesem Land) von ihrem Handikap zu befreien. Die kanadischen Pädagogen sind der Meinung, daß Sport die Motorik stärkt und verfeinert. Intensives Training würde das gesamte Verhalten des Kindes beeinflussen und ihm gerade auch zu einem besseren Verhalten gegenüber den Buchstaben verhelfen. Die jungen Leute trainieren acht Stunden täglich bei jedem Wetter. Sie haben viel Mut, denn dort sinken die Temperaturen im Winter bis minus 40° C, und das heißt sechs Monate im Jahr.

Ich mußte mein Erstaunen zugeben vor all diesen Halbwüchsigen, die sich wie Berufsspieler auf einer riesigen Eisfläche bewegten. Ich bewunderte ihre Virtuosität und Eleganz. Die Resultate waren überzeugend: Diese Kinder wurden wahre Hockeychampions. Ihre Mannschaft, von den besten Trainern geführt, konnte zahlreiche Siege vorweisen. Dagegen ließen die schulischen Fortschritte auf sich warten, obwohl die von der Regierung gestellten Geldmittel erheblich waren.

Während meines Aufenthalts dort wurde ich Zeuge eines merkwürdigen Geschehens. In der Einrichtung ertönte eines Morgens Freudengeschrei. Die so lange erwartete Nachricht war gerade gekommen. Die Provinzialregierung und die kanadische Regierung waren der Forderung nachgekommen: Das Auswechseln der Eisfläche, die, so schien es, veraltet und überholt war. Der Schule stand die Riesensumme von einer Million kanadischer Dollar für den Neubau zur Verfügung! Das würde den Schülern ermöglichen, sich weiter im Hockey zu verbessern.

Und die Studien? Schon lange hatte man vergessen, daß der pädagogische Grundgedanke der Kampf gegen die Legasthenie war. Der Kampf wäre allerdings weniger spektakulär gewesen. Die Schnörkel der Schlittschuhe auf dem Eis haben nichts zu tun mit den Schreibschnörkeln, die die Hand auf das Blatt Papier macht.

In meiner Praxis war einmal ein junger Skichampion, unfähig zu lesen und zu schreiben. Die Slaloms im Schnee waren ihm kein Geheimnis. Aber diese Geschicklichkeit nützte ihm überhaupt nicht, wenn es darum ging, in das Labyrinth des Lesens und des Schreibens vorzudringen.

Alle diese Beispiele der Wiedererziehung durch Sport sind, man muß es zugeben, besonders enttäuschend. Der Grund ist einfach: Die „Grobmotorik" beim Sport hat wenig gemeinsam mit der „Feinmotorik" des Schreibens.

Andere Versuche benutzen das Theaterspiel als pädagogisches Heilmittel. Dadurch wird die Fähigkeit, zu verbalisieren gefördert. Das ist schon ein Anreiz zur Kommunikation und ein Sprungbrett für das Kind, das lernen muß, sich auszudrücken.

Zum Glück gibt es Beispiele, die weitaus ermutigender sind. Manche Schuleinrichtungen in Verbindung mit Unternehmen oder sozialen Einrichtungen richten ihren Unterricht auf ganz bestimmte wirtschaftliche Ziele aus. Sie garantieren jedem eine Anstellung und motivieren die Schüler durch Besichtigungen des künftigen Arbeitsplatzes und durch enge Beziehungen zu greifbaren Zielen.

Wenn Schule und konkrete soziale Zukunft miteinander verbunden sind, werden Schüler und auch Eltern stark motiviert. Es funktioniert, weil man mit dem Kind nur von seiner Zukunft spricht, die greifbar ist. Wenn die Umgebung gewonnen ist, offen für ein festes Ziel, dann folgt das Kind mit Überzeugung.

Das „sozio-kulturelle Milieu“ ist einer der großen Angeklagten in Sachen Schulversagen. Ein Lieblingsthema. Das immer gleiche Lied über die Kinder aus sozial ungünstiger Umgebung variiert in Reden und Analysen. Nun, die Lust, zu lernen ist kein „Klassenprivileg“. Man spricht viel von Ungleichheiten, aber von Natur aus haben wir alle das gleiche Gehirn und das gleiche Intelligenzpotential. Von Grenzfällen abgesehen (mißhandelte Kinder, Kinder von Eltern, die Alkoholiker sind), behaupte ich, daß soziale Unterschiede bei Schulproblemen keine Rolle spielen. Wenn die Schule dem Wunsch des Kindes entspräche, würde es sich um so freudiger und mit um so größerem Nutzen dorthin begeben, je mehr sein familiäres Milieu gestört ist. Dort würde es u.a. Grundregeln des Schutzes kennenlernen, die ihm helfen würden, die Konflikte zu Hause besser zu ertragen.

Auf der Anklagebank sind auch die Arbeitsbedingungen der Kinder. Überfüllte Klassen, alte und verkommene Gebäude, tausend Gründe, die keine sind. Warum nicht eingestehen, daß wir in Theorie und Praxis des Unterrichts in einer ausweglosen Situation sind. „Es funktioniert nicht."

Schulversagen und die Farbe des Teppichbodens

Schulversagen sanktioniert nicht nur ein System, mit dem eine Gesellschaft auf die Dauer unfähig ist, Erziehung und Vermittlung von Kenntnissen zu sichern. Es enthüllt auf Seiten des Kindes ein Unbehagen und eine Unfähigkeit, sich in das Werden zu projizieren. Es stimmt übrigens nicht, daß man zu ihm zu wenig von der Zukunft spräche. Eltern und Lehrer haben nur das Wort im Munde. Eine Zukunft, die man „vorbereiten" muß, an die man „denken" muß. Nun, für Kinder mit Schwierigkeiten in der Gegenwart bedeutet dieses für sie sinnlose Wort nur eine entfernte vage Verpflichtung. Sie verstehen es nicht so wie wir. In der Tat, die Aussicht auf eine ferne Zukunft, in der man voll Verpflichtung übernehmen muß, macht die Welt für sie noch undurchsichtiger und anstrengender.

Dieses Kind in der Sackgasse, es sagt es uns jeden Tag, und wir hören es nicht: „Ich fühle mich nicht wohl in meiner Haut." Warum nicht versuchen, zu verstehen, warum die Schule nicht mehr der Ort ist, wo man Spaß hat und dabei lernt?

Die anderen Erklärungen beißen sich in den Schwanz, denn sie bringen eine Flucht nach vorn hinsichtlich der Verantwortlichkeit. Schließlich fühlt sich die ganze Welt schuldig, und das Kind bleibt Versager auf der ganzen Linie.

In einer Fernsehsendung über „Schulschwierigkeiten" hatte François de Closets („Méditations" auf TV TF 1) die sehr gute Idee, einige dieser Kinder einzuladen, die die Schule verstößt und die dort keinen Erfolg haben. Sie kamen alle aus Spezialklassen, und alle mit 13 und 14 Jahren hatten dasselbe Handikap: Sie konnten nicht lesen. Vor Texten knapp mittleren Schwierigkeitsgrades konnten sie nur stolpern, stottern, stammeln, stocken und schließlich aufgeben. Ich denke, daß Millionen Fernsehzuschauer darüber nachdenklich wurden. Ich bin auch sicher, daß die erschrecktesten Eltern ganz nah in ihrer Umgebung, in ihrer eigenen Familie einen Sohn, einen Vetter, einen Neffen mit denselben Unfähigkeiten auf verschiedenem Niveau hatten.

Auf die Frage des Journalisten nach Erklärung ihrer Schwierigkeiten konnten die Schüler nur vorgefertigte Formulierungen stammeln. „Wir sind Faulpelze, wir tun nichts in der Schule", alles mechanisch wiederholte Phrasen, weil sie sie so oft gehört hatten, Etikette, die man ihnen aufgeklebt hatte und die sie als Schicksal ertrugen.

Die Sendung versandete dann mit mehr oder weniger nebelhaften Erklärungsversuchen, und niemand kam darauf, daß gerade diese Litanei vielleicht der Schlüssel für alle Probleme war.

Bei der weiteren Unterhaltung konnte der Journalist mühelos aufzeigen, daß diese Leseprobleme begleitet wurden von einer Unfähigkeit, den Gedanken richtig auszudrücken. Die Aufregung vor einer Fernsehkamera konnte bestimmt nicht das ganze Verhaltensproblem erklären, das diese „schlechten Leser" zeigten, indem sie versuchten, sich auszudrücken.

Dabei haben sie einiges zu erzählen, diese Kinder mit Kommunikationsschwierigkeiten! Aber, das hervorzubringen, das ist die große Schwierigkeit! Sie reden zähflüssig, zögernd, ungenau, kurz: es ist das Abbild ihrer Unfähigkeit, Buchstaben zu entziffern.

Man merkt, daß sie ihre Rede nicht kontrollieren können, daß sie sich nicht reden hören, daß Teile von schlecht formulierten Sätzen sich in ihrem Mund überstürzen ohne Zusammenhang. Weil sie herumstottern und sich lächerlich machen, haben sie sich auf sich selbst zurückgezogen. Sie drücken sich mit immer begrenzterem Vokabular aus, und ihr Gedanke (unterstützt von kaum verfeinerten Wörtern) ist, da er so vereinfacht wird, glanzlos und begrenzt geworden.

Zu Rate gezogene Psychologen, die sich mit dem Fall beschäftigen, geben vielleicht das endgültige Urteil: „Ein Kind aus ungünstigem sozio-kulturellem Milieu". Wie kann man es günstiger gestalten? Durch eine neue Reform, durch Sozialrevolution? Aber warum sich nicht beschäftigen mit der Ursache all ihrer Probleme? Das auffälligste Symptom bei 90 % der Kinder mit Schulschwierigkeiten ist: Sie können nicht lesen.

In einer Studie des „Forschungsinstitutes für Zukunftsentwicklung", die von Jacques Lesourne in „Erziehung und Gesellschaft: Die Herausforderung des Jahres 2000" (Le Monde de l'éducation, Die Welt der Erziehung) zitiert wird, erfährt man, daß beim Lesen „dreiviertel der Schüler die Bedeutung eines Textes im großen und ganzen verstehen können und ihm Informationen für gestellte Fragen entnehmen können... Aber kaum die Hälfte kann antworten auf Fragen, die ein vertieftes Verstehen der Lektüre erfordern."

Heute mehr denn je ist Lesen der Zugang zum Wissen. Es ist der Schlüssel für die Welt, nötig in allen Berufen, vom Bäcker zum Informatiker, vom Chirurgen zum Tankwart.

Die Kenntnisse werden immer komplexer, immer vielfältiger. Die Berufe werden ständig infrage gestellt. Es gibt ständig Fortbildungskurse. Man muß Informationen auf den neuesten Stand bringen, wenn man nicht von der Gesellschaft zurückgewiesen werden will.

Es ist sinnlos, Eltern, Lehrer, Gesellschaft oder die Farbe des Teppichbodens in der Schule zu beschuldigen. Schulversagen ist das Ergebnis eines schlechten Lernens der Grundmechanismen, die uns erlauben, die Kenntnisse zu integrieren.

Mit dreizehn Jahren, nach einer „Versagerlaufbahn" ist das Kind vielleicht „verhaltensgestört", „unangepaßt", „auf dem Weg zum Kriminellen" und was weiß ich noch. Aber warum kann es nicht lesen? Diese Frage könnte man belächeln angesichts des so viel schlimmeren Dramas, das der erlebt, der nur Schwierigkeiten und Demütigung erfährt.

Legasthenie ist nicht die Ursache für die dauernden Mißerfolge, die das Kind erfährt. Aber sie macht deutlich, daß eine kleine Stufe verpaßt wurde und daß der Schüler in der Strömung oder am Ufer zurückblieb.

Sie wird begleitet von Schwierigkeiten, sich auszudrücken und Gedanken auszuarbeiten. Sie kündigt zahlreiche andere Probleme an, die zusammenhängen mit der Unfähigkeit, eine Welt zu integrieren, die ihre Geheimnisse nur in geschriebener Form offenbart. Wenn ein Gedanke richtig ausgesprochen wird, sagt man, er „fließt". Wie ein flüssiger Wellenzug kommt er, schon geschrieben, zum Ohr des Gesprächspartners. Reichliches Lesen erlaubt es, den Wortschatz zu erweitern, die Sätze weiter zu verfeinern. Wer es nicht beherrscht, ist ausgeschlossen von dem Fest der Kommunikation. Dabei gibt es vor dem Buchstaben keine soziale oder genetische Ungleichheit.

Ein Lernproblem markiert einen Stop, eine Grenze, die die Entwicklung und die Öffnung des Kindes für alle seine anderen Aktivitäten hemmen kann. Vom Baby, das versucht, sich aufrecht zu halten in seinem Bettchen, dann auf allen Vieren zu krabbeln bis zum Studenten, der das Examen vorbereitet, sind es dieselben Mechanismen und also auch dieselben Blockaden, die die richtige Integration einer Information behindern können.

Der Lehrer bleibt der Pädagoge par excellence, und die Kenntnis der Grundmechanismen (an der Grenze zwischen Neurologie und Psychologie) gehört zu seinem Fach. Lesen und Schreiben gehören dazu. Sie sind die Grundlagen des Lernens, der Schnittpunkt der Wege zwischen dem gegenwärtigen „Infans", das nicht sprechen kann, und dem Werden des Kindes, die wahren Schlüssel zu Mißerfolg und Erfolg in der Schule. Aber Lesen und Schreiben gehören auch zu einem weiteren System, das den Dialog zwischen Nervensystem und Universum ermöglicht. Dieser Dialog ist die Welt des Hörens.

3.

Das Babbelbaby und das Kind in der Sprachverwirrung von Babel

Das Lernen der Sprachen – Babbelbaby

In der Wiege haben die Kinder nicht überall auf der Welt denselben Schrei. In einer internationalen Krippe muß eine gute Kinderschwester nach dem Klang die Herkunft jedes Babys erkennen. Der Franzose macht „arenh“!“arenh“! eine Frequenz, die man in dem Zögern eines Erwachsenen wiederhören wird: „hen, hen“. Der kleine Italiener moduliert viel höher. Man hört von weitem sein „ee, ee“, das später dazu dient, um Sätze zu betonen „ma che, ma che“. Der Engländer drückt sich noch höher aus mit richtigem Girren „ouh!,ouh!“. Zischlaute herrschen vor. Er spricht schon mit der Zungenspitze und bereitet sich vor auf für uns so komplexe Laute wie das „the“. Seine Hörpfeife (sehr reich an Zischlauten) verdreht die Phoneme, bis er sie ständig zu Diphtongen macht. Das ist eine der Charakteristika der Sprache Shakespeares. So hat jedes Wesen von Geburt an, je nach Sprachzugehörigkeit oder Muttersprache einen besonderen Stimmgenerator. Alles ist schon bereit für das Hinhorchen auf seine Umgebung.

Diese sprachliche Form ist das Lieblingsgebiet für Imitatoren. Die Begabtesten beeindrucken, indem sie als vielsprachig auftreten, und dabei sprechen sie keine Spur von einem Wort der Sprachen, die sie zu meistern scheinen. Ich erinnere mich an die brillanten Vorstellungen von Michel Maurice Levy (den man Betove nannte), der mühelos und ohne Übergang vom Französischen ins Russische, vom Englischen ins Japanische wechselte nur dadurch, daß er mit den Klängen und dem Rhythmus spielte.

Jede Sprache hat ihre eigene Stimmlage. Wir sprechen aus – „un plat“ – und geben diesem Wort akustisch etwas Horizontales. Der Italiener mit singender und aufsteigender Stimme sagt „plato“, der Spanier treu seiner Vorliebe, in die Tiefen zu fallen, sagt „plata“. Übrigens verdanken wir ihm dieses Wort. Es wurde geprägt in einer Epoche, als Spanien der ganzen Welt sehr begehrte Silberteller lieferte.

Allgemein stammt Französisch, etymologisch gesehen, von der Akkusativform des Lateinischen ab. Es hat oft einfach ein -e- angehängt, statt der Endungen auf -um- und -am-. Das Resultat ist viel weniger klingend als das Italienische, das viel singender ist. Es hat den Ablativ bewahrt, die Klänge auf -o- und -a-. So wurde Museum zu „musée“ auf französisch und „museo“ auf italienisch.

Die erste Begegnung mit einer Sprache findet durch Rhythmus, Tonalität, Anstoßen und Ausklingen der Laute statt. In Frankreich begnügen wir uns damit, zu lernen, sie „richtig zu sprechen“ mit den bekannten Resultaten: Nach zehn Jahren des Stotterns können Generationen von Schülern nichts, sie sind unfähig, einen Satz auf Englisch oder Deutsch richtig zu sprechen. In Panik vor einem Examen oder von ihren Eltern angeregt, machen die Schüler Sprachferien im Ausland und kommen mit den gleichen miesen Ergebnissen wieder. Wenn sie sich kopfüber in das Ursprungsland stürzen, haben sie tatsächlich genau so viele Chancen, die Sprache zu beherrschen, wie ein Gelähmter hätte, wieder laufen zu können, nur weil er einem Finale im Sport zusieht. „Sprachbäder“ und „Eintauchen“ (letzte Entdeckung, um das Handikap des kleinen Franzosen beim Fremdsprachenlernen zu überwinden) sind kaum wirkungsvoller. Aber dieses Scheitern wird nicht ernst genommen. „Es interessiert ihn nicht“, „es ist nicht sehr wichtig“, das hört man noch heute. Wo es jetzt (1992) nur noch einige Jährchen ist bis zu Öffnung Europas, und wo internationale Verbindungen in allen Aktivitäten eine große Rolle spielen.

Dieser „Komplex“ ist typisch französisch. Er stammt nicht erst von gestern und erklärt sich durch eine unglaubliche Überheblichkeit: Von Natur aus nationalistisch, sind wir davon überzeugt, die „schönste Sprache der Welt“ zur Verfügung zu haben.

Als Student, motiviert durch die Aussicht auf eine Anstellung, beschließt der nicht mehr so junge Mann, sich in ein Intensivtraining zu stürzen. Aber der Prozentsatz von Abbrüchen ist auch da sehr hoch.

Porträt eines Radebrechenden

Wer kennt nicht die Unfähigkeit, in einem ausländischen Kreis zu kommunizieren? Die wenigen Worte, die ungenauen Ausdrücke von der Schulzeit helfen nicht. Die Stimme will sich erheben, aber sie fällt zusammen wie ein mißratenes Omelett. Sie wird farblos, fade, und wir verlieren sogar die Harmonie unserer Muttersprache. Die Sätze sind zögernd, stammelnd, und der Gedanke kann noch so tief und genau sein, er entgleitet uns und verödet. Das an sich schon spärliche Wortreservoir leert sich wie eine löchrige Wanne, Zuhören wird zu einem mühseligen Entziffern. Wir bitten um Wiederholung, vergebens. Alles ist uns entglitten. Wenn dieser „Dialog“ weitergeht, macht das Gefühl einer echten Müdigkeit dem Gefühl der Erniedrigung Platz.

Das Verhalten des Franzosen im Ausland hat sehr viele gemeinsame Züge mit dem des Legasthenikers. Dieser ist genauso gefesselt in seiner Muttersprache wie jener in einer Fremdsprache. Der eine stolpert auf Englisch oder auf Spanisch, der andere drückt sich in der eigenen Sprache mit Schwierigkeit aus. Sie haben dieselbe Kommunikationsschwierigkeit, müssen beide ein tiefes Gefühl der Lächerlichkeit überwinden, um zwei oder drei ungenaue Wörter zu artikulieren. Übrigens, gewisse Schwierigkeiten der Integration einer Fremdsprache, die meine Patienten hatten, haben mich auf den Weg des legasthenischen Kindes geführt.

Vor ein paar Jahrzehnten hatte ich Gelegenheit, lyrische Sänger von jenseits der Alpen zu behandeln. Sie waren zu mir gekommen wegen ihrer Schwierigkeiten, die „Zungenspitzenlaute“ auszusprechen, die -“rlll“- z.B. Diese Laute waren für sie nötig für eine gute Ausübung ihres Berufes, denn sie kommen oft vor in dem Repertoire. Alle diese Unglücklichen kamen aus derselben geographischen Gegend: aus Venedig. Dagegen hatten die Neapolitaner diese Art Schwierigkeiten nicht. Da kam ich auf die Idee, meine Patienten hören zu lassen, wie ihre Landsleute mit diesen besonderen Phonemen zurecht kamen. Und, um bei ihrer Leidenschaft zu bleiben, setzte ich ihnen Kopfhörer auf, verbunden mit einer elektronischen Apparatur, mit der sie „die Art“ des großartigsten neapolitanischen Sängers, Caruso, hören konnten. Ihr Hörverhalten änderte sich allmählich. Sie öffneten sich diesen neuen Frequenzen, und ihre Stimme konnte sie nun vorzüglich wiedergeben. Bei diesen so zufriedenstellenden Resultaten drängte sich ein Schluß auf: Venezianer und Neapolitaner hörten nicht in derselben Art, und indem ich das Hören der ersteren veränderte, verschaffte ich ihnen Zugang zu dem der zweiten. Diesen Gedankengang weiter verfolgend, fragte ich mich, ob es nicht auch eine französische, deutsche oder spanische Art, zu hören gäbe. Ich war erst am Anfang meiner Entdeckungen, und heute kann ich sagen, daß jemand, der einer Sprache gegenüber verschlossen ist, sie nicht hört.

Der junge Legastheniker hat diese Schwierigkeit beim Erlernen seiner Muttersprache. Schon behindert im allgemeinen Lernen, hat er sehr geringe Chancen, in einer Fremdsprache gut mitzukommen. Im Französischen Legastheniker zu sein, bedeutet, es auch in anderen Sprachen zu sein. Leider gibt es keine Vorzugssprache für diese Kinder: Man trifft sie in der gleichen Prozentzahl überall in der Welt.

Taub wie ein Franzose

Die wohlbekannte natürliche Schwierigkeit des Franzosen beim Sprachenlernen hängt zum großen Teil von seiner „Hörbreite“ ab, die eine der schmalsten ist, die ich kenne. Sie ist normalerweise verschlossen und wegen mangelnden Gebrauchs wie taub gegenüber Frequenzen, die höher oder tiefer sind.

Das Hörvermögen verfügt über einen Raum, den die Spezialisten begrenzt haben zwischen 16 und 16000 „Schwingungen pro Sekunde“ (oder Hertz). Das ist das maximale Spektrum, das man aber nicht in seiner vollen Breite nutzen kann. Innerhalb dieses riesigen Tonfeldes ist das Französische in der Zone von 1000 bis 2000 Hz angesiedelt. Gerade da beginnt das Englische, um dann bis auf 16000 Hz zu steigen! Die Konsequenzen sind klar. Das Deutsche steigt viel „tiefer“ hinunter. Es hat eine reiche Palette an tiefen Tönen wie das Spanische, das auf diesem Niveau beispiellos ist und dort bleibt. Wir sind noch stärker benachteiligt im Vergleich mit Portugiesen oder Slawen, die auf elf Oktaven spielen können! Die Mitteleuropäer zählen zu den besten Ohren der Welt und sind ganz besonders begabt für Sprachen.

Manche Sprachgebiete sind sehr empfindlich beim Definieren und Wahrnehmen der hohen Frequenzen. So zwingt der Engländer die Buchstaben, speziell die Vokale, bis dahin, daß er sie ständig unbarmherzig zu Diphtongen macht. Alles verformt sich.

Eines Tages, in den Vereinigten Staaten, gab ich dem Taxifahrer an, wohin ich wollte, nämlich nach „St. George Street“. Ich sprach diesen Satz mit einem, wie ich dachte, ganz guten englischen Akzent aus, aber er schien nicht zu verstehen. Nach einigen Versuchen, die alle mißlangen, übertrieb ich die Aussprache. Da drehte er sich um und sagte lächelnd: „Oh, Saint Geoorgie!“ In dem so gesprochenen Wort ist eine erhebliche Explosion des mittleren Phonems, und das macht es für uns fast unaussprechlich. In der Schrift findet man diese Besonderheit nicht. Allmählich entfernt sich die amerikanische Phonetik von der Schreibweise. Sie zwingt die Sprache, fortgesetzt neue Wörter zu erfinden. Engländer und Amerikaner haben darin einen riesigen Verbrauch, sie absorbieren und anglisieren alles, was ihnen in den Weg kommt, dank ihrer krampfhaften Verwendung des Diphtongierens. Wir haben einige Diphthonge im Französischen „oi“ z.B., aber auf Englisch gibt es das nur. Die reinen Vokale gibt es nicht mehr. Ein „i“ ist ein „ei“, ein „a“ ein „eh“. Die Engländer verdanken ihren Akzent einer unglaublichen Spannung der Kehle und der Zunge. Kein Wort widersteht dieser Behandlung. Ihr Vokabular ist übrigens sehr reich: Mehr als 360000 Wörter im Englischen und Amerikanischen (trotz des Vorurteils, daß diese Sprache wortmäßig eine Einöde ist). Das Französische zählt nur 65000, aber je tiefer eine Sprache ist, umso mehr nähert sie die Phonetik der Schreibweise an und umso weniger Verformungen gibt es. Spanisch verfügt nur über 45000 Wörter, jedes mit alter Geschichte. Cervantes, wenn er heute an den Hof von Madrid käme, fühlte sich nicht fehl am Platze. Er könnte ohne Probleme mit zeitgenössischen Schriftstellern kommunizieren.

Innerhalb jedes sprachlichen Systems haben sich die Völker auch Niveauunterschiede geschaffen, die nicht denen ihrer Nachbarn entsprechen. Jedes hat seine natürliche Neigung, seine Intensitätsvariationen, seinen Reichtum oder seine mehr oder weniger große Armut an Harmonien. Schließlich braucht jede Sprache eine typische Zeit für die Reaktion auf das empfangene Klangsignal. Die Botschaften werden nicht mit der gleichen Geschwindigkeit integriert. Diese Vorbereitungszeit (genannt „Latenzzeit“) ist sehr kurz im Englischen, sehr lang im Russischen usw. Viele Besonderheiten, die natürlicherweise die Kommunikationsverbindungen zwischen den Ländern belasten und die man beachten muß, wenn man eine Verbesserung der Verständigung unter den Nationen anstrebt.

Mir wurde eines Tages der Beauftragte für internationale Beziehungen eines großen französischen Verlages vorgestellt.

Diese Firma hatte gerade mit erheblichem finanziellen Aufwand ein Buch über Pädagogik herausgegeben, das „Afrika überschwemmen" sollte (nach dem Wunsch der Autoren und des Marketingservice). Der Mißerfolg war ungeheuerlich gewesen, und man bat mich, die Gründe dieses Riesenflops zu erforschen. Ich mußte nicht lange suchen.

Das Buch fing an mit „Je dis" (ich sage), „je lis" (ich lese), „j'écris" (ich schreibe), alles Phoneme, die die Afrikaner nicht hören, denn sie liegen nicht auf ihrer Bandbreite. Die Autoren hatten den Karren vor den Ochsen gespannt, und diese unüberwindliche Schwierigkeit zu Beginn hatte die möglichen Leser abgeschreckt.

Im internationalen Konzert verfügt der Franzose (mit seinem sehr mittelmäßigen Ohr) über ein linguistisches Instrument mit reduzierten Möglichkeiten. Er ist wie ein Kinobesucher, der von vier voluminösen Nachbarn behindert wird. Er kann nur einen Teil der Leinwand sehen, das Bild ist unvollständig, der Ablauf der Handlung wird unverständlich. Wir sind in der ganzen Welt berühmt für unseren so speziellen Akzent. Er bringt merkwürdige Situationen mit sich, löst manchmal die Sympathie von kleinen Engländerinnen aus, aber zwingt uns, eine viel größere „Bandbreite" auf unsere schmale „made in France" zuzuschneiden.

Dieser physiologische Grund erklärt aber nicht völlig unsere Schwierigkeiten, mehrsprachig zu werden. Sind doch die Japaner kaum besser dran als wir. Aber sie kompensieren dieses Handikap durch dauernde beträchtliche Anstrengung, oft motiviert durch kommerzielle Gründe. Allerdings reicht auf manchen Spezialgebieten (Informatik z.B.) ein begrenztes Vokabular aus, um gut zu kommunizieren.

In Syntax und Lexik hat der Franzose den logischen Ausdruck auf ein konkurrenzloses Niveau getrieben. Er verfügt auch über eine einzigartige Feinheit im Ausdruck des Gedankens. Der Franzose ist geschaffen für Subtilitäten. Alle diese Qualitäten möchte er auch anderswo finden und stellt dort dieselben Ansprüche, was unmöglich ist, und das Lernen einer fremden Sprache noch erschwert. Die „Sklerose" des Franzosen ist nicht genetisch bedingt. Aber ein französisches Ohr, da es in einem so begrenzten akustischen Milieu den Ton weitergibt, verliert nach einiger Zeit seine Fähigkeiten zur Öffnung und schließt sich über seinen knappen Möglichkeiten. Wie ein Mikrophon mit begrenzter Trennschärfe öffnet unser Hördiaphragma sich nur für die eigene Bandbreite und bleibt sonst taub. Trotz guten Willens kann der beste Schüler sich als Legastheniker erweisen im Englisch- oder Italienischunterricht. Man merkt dann, daß er in der Bandbreite dieser Sprache eine der Grenzen seiner Hörfähigkeit gefunden hat.

Sprachbegabung

Die Zwei- oder Dreisprachigen, die (wie man sagt) „sprachbegabt" sind, sagen es so: Eine fremde Sprache sprechen, heißt seinen Geist einer anderen Nation öffnen, neue Empfindungen und neue Freuden entdecken. Wenn ich Italienisch spreche, erwärme ich mich am Feuer einer singenden Sonorität. Ich bin in Harmonie mit einem ganzen Volk, einer Kultur, ich werde selbst ein wenig italienisch. Wenn ich Spanisch spreche, steige ich in die Tiefen, mein Bauch beginnt zu sprechen. Im Englischen springe ich zu den Höhen und entschwebe, indem ich Wörter mit der Zungenspitze spreche, amerikanisch: jetzt vibrieren mir Nase und Kehle wie noch nie.

Jede Sprache aktiviert unbekannte Zonen meines Gehirns, weckt neue Teile meines Körpers und öffnet meinem Denken neue Horizonte. Die französische Sprache schließt mich aus von der philosophischen Dimension des Deutschen, von der Lichtfülle des Italienischen, von der mehr introvertierten spanischen Denkart. Einen Blues oder ein Negro-Spiritual auf amerikanisch zu singen, beinhaltet eine besondere Körperhaltung und die Entdeckung einer anderen Geistigkeit. Jede Sprache hat ihre vertraute Art, den, der sie spricht, anzurühren und den Körper als Kommunikationsinstrument zu benutzen. Sie bringt durch Vermittlung von Ohr und Nervensystem andere Seiten im Inneren zum Schwingen.

Der Kontakt zu einer fremden Kultur mittels Übersetzung gibt nicht die innere Resonanz der Sprache im Inneren des Körpers und der Tiefe der Organe wieder. Wir gehen fehl bei Hörintegration und sehen nach unserem Maß Nuancen, die dort nicht sind. Friedrich der Zweite, der aufgeklärte Prinz, Freund von Voltaire, pflegte zu sagen: „Die Chance, den Geist zu öffnen, ist, alle Sprachen zu sprechen". Descartes hat oft betont, daß er nie „Le discours de la méthode" geschrieben hätte, wenn er nur das Niederbretonische gekannt hätte.

Babbelbaby

Die Menschen haben Zugang zum selben Klangfeld, aber sie besetzen dort mehr oder weniger große Flächen. Dennoch haben Fremdsprachen ihren Platz in jedem unserer Ohren und besitzen ein Recht auf Durchgang, Besuch oder Aufenthalt. Wer früh damit anfängt (in den ersten Lebensjahren), ist am besten dran.

Zwischen drei und fünf Jahren kann ein Kind sein Ohr spazieren gehen lassen in Zonen, die von vier oder fünf verschiedenen Sprachen besetzt werden, egal, wie die Bandbreite seiner Muttersprache ist, ohne daß es ein Übereinandergreifen gibt oder eine Nahtstelle zwischen den verschiedenen Systemen. Es ist genau in der Position eines Radiohörers auf Kurzwelle, der von Station zu Station wechselt und klar unterscheidet, da jede genau festgelegt ist in ihrer Frequenz.

Ich habe an sehr interessanten Experimenten auf diesem Gebiet in Kanada teilgenommen. In einigen Kindergärten können die Kinder frei von Raum zu Raum gehen. In jedem bieten Erzieherinnen Aktivitäten und Spiele an in verschiedenen Sprachen. Eine Bedingung besteht bei dieser Pädagogik der großen Öffnung: die Erzieherinnen sprechen ihre Muttersprache. Es ist erstaunlich, wie diese kleinen Kerlchen ihre Ohren anpassen, entsprechend dem Hin und Her, und in verschiedenen Sprachen ohne Verwirrung reagieren mit derselben Leichtigkeit und Begeisterung bei der Kommunikation. Sie machen spontan den Unterschied zwischen den linguistischen Kanälen und bewegen sich darin mit natürlicher Leichtigkeit. Natürlich wird niemand behaupten können, daß die Kinder in diesem Alter Syntax und Vokabular beherrschen können. Aber die akustischen und neurologischen Schranken sind schon gefallen. Für sie wird es keine Fremdsprachen mehr geben. Später auf dem Gymnasium werden sie ein vollständigeres Sprachgebäude auf dem so vorbereiteten Feld errichten.

Ich sprach weiter oben von berühmten Sprachkünstlern. Ich hatte Gelegenheit zu sehr amüsanten Experimenten mit anderen ebenso begabten Leuten. Ich erinnere mich an einen Mann, der für die ausländischen Beziehungen einer französischen Gesellschaft verantwortlich war und der sechs Sprachen perfekt sprach. Der Mann war russischer Herkunft. Eines Tages habe ich ihn vor ca. 40 Personen unter das „Elektronische Ohr" gesetzt und aufgefordert, mit mir eine ganz normale Unterhaltung zu führen. Ohne es ihm zu sagen, habe ich dann einfach seine Hörbedingungen geändert. Vom französischen Hören zum englischen, russischen bin ich gewechselt, kurz, zu allen Sprachen, die er perfekt beherrschte. Zur Verblüffung der Zuhörer, ganz wie die kanadischen Kinder, verknüpfte er mit großer Leichtigkeit eine mit der anderen dieser Sprachen und verfolgte die Rede ohne die geringste Unterbrechung. Als ich ihm den Kopfhörer abnahm und ihm erklärte, was passiert war, hat er mit völliger Offenheit gesagt, daß er nichts bemerkt hätte!

Ich habe dieses Experiment mit Prof. Lane vom „Dortmund-Institut" in München wiederholt. Auch er ist russischer Herkunft und hatte die perfekte Handhabung von acht Sprachen zur Verfügung. Wir hatten dasselbe Resultat.

Glücklicherweise schließen sich die Pforten des „Sprachparadieses" nicht nach Ende des Kindesalters, sie sind auch nicht reserviert für eine Elite. Das Ohr kann sich in jedem beliebigen Alter öffnen und so im Hirn ruhende Quellen öffnen. Jede Sprache hat ihre akustische Aktivitätszone, aber es gibt Grenzen, Wechselkurs und Lebensart sind verschieden. Jede verschließt sich irgendwo der anderen gegenüber. Die Schwierigkeit, Englisch zu sprechen, zeigt zum Beispiel immer eine Blockade des Ohrs gegenüber hohen Frequenzen. Manchmal handelt es sich nur um ein einfaches Nicht-Unterscheiden-Können in den Höhen. In ernsteren Fällen ist das gesamte Spektrum abgesackt. Wenn das Kind diese begrenzte Taubheit überwindet, hat es den Eindruck, in eine neue größere Form zu gleiten, in die die Fremdsprache leicht hineinfließen kann. Sein Ohr und damit das Nervensystem und Gedächtnis verfügen über einen neuen Filter und gewinnen Terrain auf dem akustischen Feld. Das Kind erfährt einen neuen Rhythmus, eine neue Tonalität. Es hört wie ein kleiner Engländer, indem es die Verformungen weghört, die es daran hinderten, sich selbst zu hören und korrekt zu sprechen. Es gewinnt gegenüber dieser Sprache völlige Sicherheit und wird beträchtliche Fortschritte machen.

Die demographische Entwicklung, die Öffnung der Grenzen und noch sehr viele andere Gründe haben die moderne Welt in ein neues Babel verwandelt. Während Kinder leicht polyglott werden können, scheinen die Probleme, die sich ergeben durch viele Nationalitäten in einer Klasse, dem Lehrer, der gerade mal fähig ist, einige Wörter zu stammeln wie „Yoghurt mit Verfallsdatum", oft unüberwindlich.

Ich habe einmal im Norden Frankreichs eine Klasse besucht mit 27 sehr jungen Schülern, (durchschnittlich fünf Jahre) unter ihnen ein Franzose! Es gab Maghrebiner, Italiener, aber auch Türken, die zu Hause kurdisch sprachen, und Jugoslawen, die serbokroatisch sprachen. Die Kinder dieser beiden letzten Nationalitäten mußten parallel mit der Schule auch noch Kurse machen in der offiziellen Sprache ihres Heimatlandes. Die beiden einzigen Franzosen (der Lehrer und der Schüler) waren die einzigen, die schlecht zurechtkamen. Sie waren wie vor den Kopf geschlagen. Die anderen Kinder wechselten mit verblüffender Leichtigkeit von einer Sprache zu der anderen, unverständlich für unsere beiden hilflosen Landsleute.

Wenn die Familie gut strukturiert ist, und das ist sie oft bei Gastarbeitern, braucht es für das Kind keine Schwierigkeiten zu geben. Unter der einen Bedingung: die Eltern müssen zu Hause weiter ihre Muttersprache sprechen. Wenn sie versuchen, in löblicher Absicht, ein ungefähres Französisch zu stottern, wird das Kind an beiden Fronten verlieren. Meist ist nur dies der Grund für schulischen Rückstand bei ausländischen Schülern. Auch die Muttersprache kann darunter leiden. Wenn die Mutter Araberin ist und mit einem Asiaten in Frankreich lebt, kann jeder Elternteil sich natürlich in seiner Herkunftssprache ausdrücken. Das Kind wird sich dort sehr gut zurechtfinden, denn es kann differenzieren. Jede Sprache hat ihren Frequenzkanal, ihre Bandbreite, ihre Höröffnung und ihr Ohr. Wenn man künstliche Brücken zwischen ihnen errichtet, wird alles vermischt. Es liegen Welten zwischen dem Ohr des Franzosen und dem des Engländers, aber der Platz für jede Sprache ist da in unserem Gehirn. Ein Kind ist potentiell vielsprachig ohne Grenze und Unterschied. Erst später, wenn wir älter werden, verlieren wir das Diaphragma, das uns erlaubt, die Sprachen zu integrieren.

4.

Der Singende

Engelsgesang

Wenn ein Kind singt, und das tut es spontan, dann fällt es seiner Umgebung auf die Nerven. „Hör auf, du singst falsch“, ist das einzige Kompliment, auf das es Anspruch hat. Aus Gehorsam oder wegen wiederholter Bemerkungen hört es abrupt auf, denn es hat schon gelernt, die inneren Türen zu schließen, um „Ärger zu vermeiden“. Im Haus wird es wieder still, die Eltern sind erleichtert.

Das Singverbot zu Hause hat seine Wirkung. Das Kind wird nie mehr den Mund aufmachen. Eine Sehnsucht wird es das ganze Leben begleiten, die sich später äußert in ganz unbewußtem Bedauern. Ich höre täglich Erwachsene, die sich beklagen über die Behinderung einer Leidenschaft, der sie so gern gefolgt wären. Nun wollen nicht alle Kinder Tenor oder Sopranistin werden. Sie kommen zum Singen wie zu einer Quelle, denn sie haben in dieser Aktivität eine wichtige Funktion entdeckt, die die Erwachsenen vergessen haben.

Der Säugling singt, bevor er spricht. Er „säuselt“, bevor er klar die ersten Silben ausspricht. Indem er mit den Tönen spielt, atmet er besser, schöpft Energie und erwirbt Sicherheit. Etwas später entdeckt das Baby, daß das Singen seinen Körper aufrichtet, weil es die typische Haltung einnehmen muß, die die Berufssänger später haben. Es ist eine große Hilfe für den kleinen Kerl, der sich mit Mühe aufrecht hält und gegen die Schwerkraft ankämpft. Singen vermittelt ein Gefühl der Leichtigkeit. Das Kind entschwebt, besonders wenn es die hohen Frequenzen erreicht. Diese hohen Töne, die es so gut hört. Engel singen und nicht die Fische (übrigens so sicher bin ich gar nicht). Die Frequenzanalyse der Stimme zeigt, daß sie sehr große Höhen erreichen kann: bis zu 15000 Hz! Das ist eine gewaltige Kraft, die man schon in den ersten Lebensmonaten entdeckt, aber für den Erwachsenen ist die Babysprache wie eine Fremdsprache, und seine Versuche, ihr näher zu kommen, sind oft zum Scheitern verurteilt.

In einem löblichen Bemühen um Kommunikation stellen unsere Zeitgenossen heutzutage Kinderlieder zur Verfügung, aber diese werden fast immer von Erwachsenen vorgetragen. Chantal Goya ist gewiß eine große Künstlerin, aber ihre Stimmlage liegt Lichtjahre entfernt von dem, was die Ohren ihres Publikums integrieren können. Bis 12 oder 13 Jahren ist das Ohr ein Filter, verglichen mit dem eines Erwachsenen. Es läßt nur die Höhen durch und bleibt den anderen Frequenzen gegenüber taub.

In der Familie nehmen die Dialoge oft eine schlechte Wendung. Die Eltern wundern sich, daß das Kind nicht „hört", und seinen lauten Schreien gegenüber zeigen sie ihren Zorn mit strengem Ton, der gleichermaßen unverständlich ist. Es ist das komplette Mißverständnis. Man muß aber diesem Lärm freien Lauf lassen. Das ist der Lärm, in dem der kleine Mensch seine Stimme sucht. Demgegenüber verstehen sich Kinder untereinander hervorragend, denn sie produzieren nur Laute, die sie entziffern können. Wenn ein achtzehnmonatiges Baby anfängt, seine eigene Sprache zu benutzen, versteht der Vater nichts, die Mutter halbwegs, aber der dreijährige große Bruder übersetzt sofort.

Eines Tages suchte mich ein kleiner neunjähriger Autist auf. Er war auf dem Wege, aus seiner Abgeschiedenheit herauszukommen. Die Mutter erklärte mir die Fortschritte ihres Sohnes, als der plötzlich anfing, sich bemerkbar zu machen, indem er in der typischen Babysprache stammelte. Das war schon ein guter Fortschritt, denn dieses unverständliche Sprechen zeigte den tiefen Wunsch, zu kommunizieren, aber natürlich verstand ich nichts. Da er immer lauter wurde, sagte die Mutter, der das peinlich war, zögernd: „Entschuldigen Sie, Herr Doktor, er möchte Ihren Federhalter haben.“ Es ist nicht ungefährlich, so etwas einem Autisten zu geben, aber ich tat, was er wollte. Sofort schwieg er und beruhigte sich. Er hatte erlangt, was er mit Händen und Füßen gefordert hatte in seinem ersten Sprachjargon.

Die stark modulierte Stimme füllt den ganzen Körper mit angenehmen Empfindungen. Sie assoziiert sich mit der Gestik. Sie läßt den ganzen Körper teilnehmen mit ausdrucksvoller Dynamik. Sie führt so zur Integration durch Körperlichmachen. Deshalb hilft sie dabei, besser zu sprechen und besser zu lernen. Singen ist der Königsweg zur Sprache und zum Lernen. Indem das Kind Laute und Silben moduliert, schafft es sich endgültige Integrationsmechanismen. Später brauchen diese nur reaktiviert zu werden. So erworbene Wörter bleiben länger erhalten. Man meint, sie besser zu kennen, sie kommen einem vertraut vor. Die Zählreime im Kindergarten sind ein Einstieg zu den tiefen Rhythmen der Sprache, und Lehrer, die sie verwenden, tun dies mit gutem Grund. Die Kinderlieder deponieren Wörter und Sätze wie Fische ihren Rogen in den Flüssen. Sie machen den Weg frei für die Sprache. Sie „zählen“ und „erzählen“ die Laute, an die man sich so besser erinnert. Worte vergißt man, eine Melodie nie, und mit der letzteren kommen die Worte wieder. Egal ob falsch oder richtig, Hauptsache, das Kind singt.

Wir machen keinen Gebrauch mehr von dieser Brücke, die Körper und Sprache im Singen vereint. Das Kind „tanzt“ dort täglich. Sprechen und Singen sind für das Kind sehr „körperliche“ Aktivitäten. Die extrem modulierte Stimme verstärkt den Wellengang der Wörter und Sätze. Das Nervensystem erhält so starke Stimulationen, die sich im ganzen Körper fortsetzen und die entferntesten Regionen des Gehirns erreichen und so das Gedächtnis besonders wirkungsvoll unterstützen. Dieses ist nicht Privileg eines einzelnen Organs, weder der grauen Zellen, noch des Herzens (wie der Ausdruck „apprendre par coeur“ auswendig lernen, wörtlich: „durchs Herz lernen“ nahelegen könnte). Eine andere französische Redewendung zeigt ganz richtig an, daß man eine Sache bis in die „Fingerspitzen“ kennen kann. Tatsächlich ist das Gedächtnis zellabhängig, und die Informationen gehen auch über die Muskeln, die Haut bis zu den entferntesten Neuronen.

Heutzutage wird (über das Singen hinaus) die ganze Musik als minderwertige Nebenerscheinung des Intellekts betrachtet. Sie soll ein niederes Stadium des Denkens sein, weniger reich an Bedeutung und Gefühl als die Sprache, die für Kommunikation und Ausdruck des Gedankens privilegiert ist. Nun, das Plappern des Säuglings beweist, daß es die Musik vor der Sprache gibt. Wenn Betonung und Melodie sich verändern, ändert sich die Bedeutung. Der Gedanke wird nuancierter und verfeinert. Ein Text kann, je nachdem, wie er gelesen wird, zum Lachen oder Weinen bringen oder auch ärgern. Die Musikalität bestimmt also die semantische Tragweite eines Satzes. Sprache ist eine späte Abwandlung einer „musikalischen“ Kommunikation, die den Körper zum Vorzugsinstrument gemacht hat.

Intellektuell, neurologisch, semantisch, Musik ist der direkteste Weg, um Kenntnisse zu integrieren. „So geht es besser in die Köpfe“, sagte man früher, wenn Lehrer die Schüler das Einmaleins, die Liste der Departements oder Gedichte lernen ließen, indem sie sie mit bestimmten Liedern verbanden. Schüler, die für ein Examen ein Maximum an Kenntnissen verschlingen müssen, entdecken auch, wie hilfreich diese Technik ist.

Diese Praxis wird nicht mehr genutzt. Das wäre nicht so schlimm, wenn der Musikunterricht an den Schulen nicht derartig heruntergekommen wäre und in einer unbegreiflichen Mittelmäßigkeit daniederläge. Oft sind die Musikkurse Wahlfächer und werden vom Unterrichtsministerium sehr dürftig bedacht. Lehrer, die Musik in der allgemeinen Gleichgültigkeit weiter unterrichten, werden auf ihren Posten mehr aus „sozialen Gründen“ gehalten als durch wahre pädagogische Notwendigkeit. Es gibt auf diesem Gebiet keine durchgängige Politik. Das Kind lernt Schreiben, Lesen, Rechnen, keiner bringt ihm Notenlesen bei. Am Ende der Schulzeit können es nur einzelne Schüler. Es sind noch weniger als die, die eine Fremdsprache beherrschen.

Ohne Laute (und Sprache besteht nur aus Lauten) ist das Geschriebene „toter Buchstabe“. Musiknoten könnten dem Kind beim Lesenlernen, dieser so wichtigen Etappe seiner Entwicklung, helfen. Die Schule stößt das Kind in eine Welt, der eine wichtige Dimension fehlt. Lernen wird für unseren kleinen Lehrling schwer, und die Wörter, ihrer Musikalität beraubt, vibrieren nicht mehr in seinem Körper. Man hat der Sprache die Flügel gestutzt.

Das Kind hat seine ersten Wörter erworben und sich allmählich sein ganzes Vokabular zusammengebaut, indem es mit Phonemen wie mit Noten spielte. Es gibt sehr viele andere Situationen, in denen seine Lernmechanismen gefordert werden. Laufenlernen, Wachsen, Lesen, Rechnen, Fremdsprachen lernen, Sport ausüben, Erweitern und Erneuern von Kenntnissen, wie viele Etappen in seiner Entwicklung, so viele neue Welten sind zu erfassen, so viele Sprachen zu integrieren. Diese neuen Kodierungen sind nur „Kinderspiel“ für das Nervensystem eines Kindes, wenn der Weg gut frei gemacht wurde durch richtige und vertiefte Assoziation mit den Lauten. Es kann so Mechanismen in Bewegung setzen, mit denen es schon vertraut ist. Eindrücke, wie ausgefeilt sie auch immer sein mögen, setzen sich als neue Realitäten fest und entwickeln sich in ihm.

Während der Pubertät (etwa mit 13 Jahren) macht das Kind oft Rückschritte in der Sprache und im Lernen. Die Rückkehr zum lauten Lesen wird ihm helfen, sein Körperklavier neu zu kodieren, seine Gedächtnisstützen wiederzufinden, die schwer beschädigt wurden durch dieses plötzliche Wachstum und diese regelrechte neurologische Umwälzung, die es in diesem Lebensabschnitt durchmacht.

Große Redner bewegen nicht nur die Gedanken der Zuhörer, sondern rühren auch die Körper beim Prozeß des Verstehens der Sprache an.

Da ist das berühmte Beispiel der Rede von André Malraux bei der Überführung der sterblichen Reste von Jean Moulin in das Panthéon, aber man kann auch einige große Namen des Radios, des Fernsehens und der Öffentlichkeit nennen. Alle beweisen, daß eine gut modulierte Stimme bezaubert oder beruhigt. Es ist immer ein Gesang, den sie ausdrückt. Wenn ein Musiker eine Dichtung vertont, verstärkt er das musikalische Potential, das schon im Text enthalten ist. Bei der Vertonung der Gedichte von Théophile Gautier hat Duparc „überbetont", was der Dichter sagen wollte. Wenn das Resultat Niveau hat, dann bekommt der Zuhörer (wie bei jeder bewegenden Musik) eine Gänsehaut. Er empfindet den tiefen Eindruck, der sein ganzes Wesen vibrieren läßt, als wenn der Text direkt in sein Nervensystem eindränge. Diese allgemeine Erfahrung zeigt einen natürlichen Prozeß der Integration von Kenntnissen. Bei einigen Schriftstellern oder großen Autoren findet der Lehrer Texte, die dafür gemacht zu sein scheinen, daß sie gesungen werden. Zum Beispiel bei Racine. Ich habe auch noch nie erlebt, daß Stotterer bei der Lektüre von Bossuet stottern. Es ist vielleicht schwerer, wenn man im Unterricht nur Zeitungen liest.

Wenn die Schule dem Studium der Musik genauso viel Bedeutung beimäße wie dem Lesen- und Schreibenlernen, hätten wir Fortschritte auf allen Ebenen. Das Singen entwickelt beim Kind alle Integrations- und Kommunikationsmöglichkeiten. Mit ihm kontrolliert es körperlich, was es äußert, und macht aus seinem Körper ein wunderbares Kommunikationsinstrument.

In Ungarn hat eine pädagogische Methode, die auf dem Singen aufbaut, großen Erfolg gehabt. Geschaffen von Kodály bestand sie darin, als Stütze für alles Lernen die Kenntnis des folkloristischen Repertoires zu nehmen. Dieses ist tatsächlich ein historisches Resumé der Sprache eines Volkes.

Es enthält den Schlüssel für die eigene Sprache oder für eine Fremdsprache. Das Kind wird aufgefordert, zu singen, um seinen Körper mit der Stimme zu prägen: Es fördert seine Vertikalität durch die Kenntnis der verschiedenen Laute und wird fähig, jeden mit einer Körperhaltung zu assoziieren. Ein Violinbogen, eine Klaviatur sind wie harmonische Verlängerungen des Körpers. Wie es mit jenem spielt, so wird es mit diesem spielen.

In Frankreich sind die Instrumente wie schlecht sitzende Prothesen. Die Professoren bemühen sich, schlecht lateralisierten Schülern die richtige Haltung der linken zur rechten Hand zu erklären, wo die Kinder sie doch im Leben nicht unterscheiden können. Als ich vor dreißig Jahren merkte, daß kanadische Kinder mehr als unsere armen kleinen Franzosen singen, beschaffte ich mir Noten und Aufnahmen ihrer Lieder. Ich dachte, das sei des Rätsels Lösung. Es war ein noch größerer Mißerfolg als mit den früheren Texten. Ich verstand später, daß das Nervensystem in zwei verschiedenen Ländern nicht unbedingt in der gleichen Weise funktioniert und auf die gleichen Rhythmen reagiert. Es gibt zahlreiche Erklärungen für dieses Phänomen. Der Hauptgrund liegt in der verschiedenen Impedanz bei den akustischen Gegebenheiten der Umgebung: Jedes Land hat eine bestimmte Art von Resonanz der Luft auf den Klang. Diese bestimmt die Wahrnehmung der Stimme und die Fähigkeit, zu singen. In Frankreich sind wir nicht gerade bevorteilt.

Beim Bau einer neuen Schule umgeben sich die Architekten mit einem Heer von Spezialisten. Größe, Raum, Licht, Bequemlichkeit, Entspannung, nichts wird dem Zufall überlassen. Aber niemand denkt wirklich an die Akustik in Schulgebäuden. Üblicherweise plaziert man in den Klassen das Lehrerpult links von den Schülern. Das Kind braucht aber hauptsächlich das rechte Ohr für die Kommunikation mit der Welt und um das Gedächtnis in Gang zu setzen. Wenn es mit dem linken Ohr hört (das kann man leicht nachweisen), verliert der Gedanke sehr schnell an Terrain. Das Hirn arbeitet mühsam, der Schüler kommt nicht mit. Schließlich und unbewußt werden gut lateralisierte Kinder selbst diese Lage ändern. Ihr Körper dreht sich und präsentiert die richtige Seite. Aber für die anderen verstärkt sich das Handikap. Sie werden noch „linkischer", verlieren einen großen Teil der Information und ermüden beim Versuch, das Übrige zu verstehen. Zwar sind die Lehrer heute vom Podest heruntergestiegen und gehen häufig im Raum umher. Man betrachte einmal die Schüler; sie folgen seiner Stimme mit Bewegungen des Kopfes (und des Ohres!).

Ein Kind braucht Lärm, denn Lärm bedeutet Energie, aber wie sonst auch, schadet hier Übermaß. Zu viel Lärm strengt an, weil die Informationen sich erst schwer und dann überhaupt nicht integrieren lassen.

Wie eine zu lange aufgeladene Batterie, lehnt das erschöpfte Ohr Laute, die es nicht mehr aufnehmen kann, ab. Während im Klassenzimmer die Klangumgebung durch spezielle Baumaterialien allzusehr gedämpft ist, werden die Schüler in der Pause in einen ohrenbetäubenden Lärm gestürzt. Die Teilüberdachung, die Wände, die Böden aus Zement verwandeln die Pausenhöfe in regelrechte Echoräume. Stadtplaner denken an Lärmschutzwälle für Anlieger der Autobahnen, aber nicht an unseren Schulen. Unsere Kinder erhalten eine solche Tonmenge und Tonstärke, daß ihre Ohren davon „geblendet" werden. Wenn das Auge lange eine zu starke Lichtquelle beobachtet, erscheint auf der Netzhaut ein schwarzer Ring, der so lange bleibt, bis die überanstrengten Zellen sich erholt haben. Das Ohr ist den gleichen und ebenso gefährlichen Phänomenen unterworfen. Die Lehrer merken es, wenn die Kinder aus der Pause zurückkommen. Manche gönnen ihnen im Klassenraum ein paar Minuten zusätzliche Erholung. In der größten Stille und so viel Zeit, daß die Kinder Kräfte sammeln können und Geist und Ohren sich beruhigen.

Als ich eine kanadische Montessori-Schule besuchte, die seit Jahren nach meiner Methode arbeitet, bemerkte ich eines

Tages, daß man einige Wände entfernt hatte, um mehr Platz zu schaffen für eine größere Zahl von Schülern. Die Räume waren also größer geworden. Bauarbeiten hatten die Wände absolut schalldicht gemacht. Der Boden war mit Teppichboden ausgelegt worden. In der Schule waren jetzt zwei unterschiedliche Stimmungen. Im modernisierten Teil war es dumpf und leblos, die Räume waren praktisch leer, und die paar Schüler saßen zusammengesunken an ihren Tischen, als ob sie schliefen. Dagegen waren die Kinder im älteren Bautrakt mit guter Akustik aktiver und beteiligten sich lebhaft am Unterricht. Man brauchte sie nur mit den vorher Genannten tauschen zu lassen, um bei ihnen das gleiche Verhalten festzustellen.

In einem schalldichten Raum verlieren die Worte ihre Schlagkraft, die Gedanken werden „ertränkt“. Alles ist stumm, und die Lebendigkeit leidet darunter. Spricht man denn nicht bei einer drückenden Stille von einer Totenstille?

Kinder in einem schalltoten Klassenraum erinnern mich an Jagdhunde mit hängenden Ohren und traurigem Blick, als wenn sie von erfolgloser Jagd zurückgekommen wären.

5.

Die Stimmen der Kindheit

Die Stimme der Lehrerin

Das Ohr eines Kindes fängt schon im vierten Monat der Schwangerschaft an, zu funktionieren. Nach manchen hebräischen Texten hört der Fötus die Thora schon in den ersten Tagen seines vorgeburtlichen Lebens. Ich habe die Ansicht durchgesetzt, daß „in utero“ der Embryo/Fötus hört und daß sein Hörfilter die allzu aggressiv empfundenen Tiefen nicht durchläßt. Er läßt nur die hohen Frequenzen passieren. Diese sind reicher an Harmonie und leichter und können wirkungsvoller das Gehirn erreichen und es mit subtilerer Information versorgen.

Bei der Geburt und bis zum Alter von etwa sieben Jahren benutzt das Baby, beziehungsweise das kleine Kind in seiner Stimme auch ausschließlich hohe Töne. In Gegenwart einer Männerstimme (wo tiefe Frequenzen dominieren) verschließt sich das kindliche Ohr sofort. Männer machen oft diese schmerzliche Erfahrung. Aus den Armen der Mutter gerissen, fängt das Baby trotz der stimmlichen und so unnatürlichen (!) Bemühungen seines verlegenen Vaters sofort an, zu brüllen. In diesem Alter nimmt das Kind nur zögernd mit seinem Vater Kontakt auf. Wenn der Vater berufsbedingt häufig verreist oder zu der Familie viele Onkel oder ältere Cousins gehören, erkennt ihn das Kind übrigens nicht automatisch. Er bleibt im fernen Nebel. Ich muß sagen, es ist frustrierend, aber in diesem ersten Lebensabschnitt zählt nur die Mutter, nur mit ihr lebt das Kind in völliger Eintracht.

In einigen höchst seltenen Fällen (mir sind nur drei in meiner Karriere begegnet) bringt es das von der tiefen Stimme seines Vaters heftig überraschte Kind so weit, sein Ohr gänzlich zu verschließen, wie eine Schnecke bei Berührung sich zusammenzieht, um sich nie wieder zu öffnen und sich in einen manchmal nicht zu heilenden Autismus zu flüchten.

Während der drei ersten Schuljahre*, wenn es die ersten Schritte außer Haus tut, braucht das Kind eine Symbolfigur mit mütterlichen und weiblichen Zügen. Die Stimme der Lehrerin bedeutet für das Kind eine Brücke zwischen Schule und Mutter. Nachdem man die Klassen mit unerfahrenen oder überqualifizierten Erzieherinnen gefüllt hat, die der elementarsten Psychologie unkundig waren, ist man im Schulwesen einer neuen Mode verfallen: Männliche Erzieher werden für die ersten Schuljahre eingestellt, es sind schon mehr als 2 %, und es ist die Rede davon, daß man die Prozentzahl noch erhöhen will.

Die Arbeitslosenquote zu senken, ist lobenswert, Legastheniker haufenweise zu produzieren, ist eine neue Dummheit.

Die Stimme des Lehrers

In der Vorschule ist das Kind von seiner „Lehrerin fasziniert". Es verschlingt sie mit den Augen und ist ganz Ohr, wenn sie spricht. Mit drei Jahren ist so ein kleines Wesen unendlich formbar. Pädagogen wissen, in welchem Maße sie ein völlig auf sie ausgerichtetes Nervensystem prägen können. Insbesondere die Stimme des Kindes geht aus dieser Erfahrung verändert hervor. Hörteste zeigen es. Am Jahresende hat sich das Ohr des Kindes nach der Stimme der Lehrerin gebildet (regelrecht geformt).

In der Schweiz sind sich die Verantwortlichen dieses Problems bewußt geworden. Singen bildet einen Teil der Lehrerausbil-

---

* Anm. d. Herausgebers: In Frankreich geht ein Kind nicht in den Kindergarten, sondern besucht vom 3. bis zum 6. Lebensjahr die „école maternelle". Diese Klassen werden von einer Lehrerin und einer zusätzlichen Erzieherin als Hilfskraft betreut. Das ist hier gemeint.

dung. Singen hat Auswirkungen auf alle anderen Stimmlagen des vokalen Ausdrucks. Es macht die Stimme harmonischer, die Rede flüssiger, den Tonfall differenzierter.

Das Kind folgt der Tonbreite der Stimme des Lehrers. Es paßt sich den guten, aber auch den schlechten Eigenschaften an. Es ahmt deren Verzerrungen getreu nach. Vor einer allzu aggressiven Stimme wird ein junges Ohr geblendet und verschließt sich. Wie man die Augen von einem unerträglichen Anblick abwendet, so verweigert das Ohr die Aufnahme mancher Frequenzen. Dadurch allerdings versinken ganze linguistische Felder völlig. Diese „akustischen Leerräume" bilden die Keime zukünftiger Schulschwierigkeiten.

Früher, als Kinder erst später (mit etwa sieben Jahren) eingeschult wurden, vertrauten die ins soziale Leben zurückkehrenden Mütter ihre Kinder und deren erste Erziehung dem Großvater zu Hause an. Die tiefe, oft spröde Stimme des Alten prägte das Hörvermögen der Kinder nachhaltig. Ihre Ohren waren so sehr daran gewöhnt, daß sie in der Grundschule nicht mehr fähig waren, den Worten einer Lehrerin zu folgen, deren Bandbreite ein bis zwei Oktaven höher liegt.

Der Schrei des Werwolfes. Die Hölle der tiefen Töne

Das Kind entdeckt den Gebrauch der tiefen Töne erst in der Pubertät. Eine harte Prüfung harrt seiner. Es steht vor einer neurologischen Umwälzung. Die Auswirkungen sind zahlreich, unberechenbar. Oft beeinflussen sie den Charakter des Kindes und sein Verhalten dramatisch. Manche, bis dahin hervorragende Schüler, sitzen jetzt hinten in der Klasse. Die Sprache von anderen wird erheblich zurückgeworfen. Das ist das „schwierige", das „undankbare" Alter, wie man zu sagen pflegt.

Unter der Wirkung eines hormonellen Sturmes wächst der Jugendliche um ca. zwanzig Zentimeter in einigen Monaten. Er steht plötzlich auf Stelzen, und von oben gesehen erhält die Welt eine andere Dimension. Die Umwelt muß neu definiert werden. Wie beim Werwolf wird sein Körper von häßlichen Haaren überzogen. Die Gesichtshaut wird rauh. Auch das junge Mädchen erfährt tiefgreifende Veränderungen. Sie wird zur Frau, zur zukünftigen Mutter. Der junge Mann seinerseits nimmt einen „unglaublichen" sexuellen Auftrieb wahr, der ihn seine kleinen Kameradinnen in einem anderen Licht sehen läßt.

Aber die spektakulärste Erscheinung der Pubertät ist die Veränderung der Stimme. Lange Zeit dachte man, diese Veränderung beruhe auf dem Wachstum des Kehlkopfes und dem dadurch entstehenden Blutandrang. Diese Erklärung ist nicht länger stichhaltig. Der Stimmapparat der Kastraten wächst im gleichen Maße wie der aller anderen Jünglinge. Dennoch behalten sie diese schrille, für die Kindheit so typische Stimme und bekommen nie ihre Erwachsenenstimme.

Pubertieren ist in erster Linie ein Phänomen des Ohres. Plötzlich verschwindet der Filter, der das Kind am Wahrnehmen von tiefen Tönen hinderte. Die Stimme sinkt beim Jungen um eine Oktave, beim Mädchen um eine Terz und bekommt allmählich die Bitonalität, mal hoch, mal tief, die sie nun das ganze Leben begleiten wird. Das ganze Hören ist nun verändert und zwingt das Kind zu einer neuen Entzifferung der Welt.

Auch das Ohr „wächst". Der Kehlkopf macht mit und nimmt eine neue Stellung ein. Er schmerzt, schwillt an, nimmt größere Ausmaße an. Es ist eine natürliche, aber besonders beängstigende Entwicklung. Ein paar Tage lang hat manches Kind sogar das Gefühl, taub geworden zu sein. Es erkennt sich selbst nicht mehr, wenn es spricht. Das Ohr pfeift unangenehm und vernimmt eigentümliche Geräusche. Es hat in Wirklichkeit die Wahrnehmung der Höhen abgeschafft, um den Weg zu den Tiefen zu begünstigen. Diese Dysphonie ist zum Glück nur vorübergehend, sie ist aber Ausdruck für eine allgemeine Destabilisierung aller Wahrnehmungsorgane.

Mit der Pubertät nimmt eine neue neurologische Kodierung ihren Lauf, die eine Überholung aller Integrationssyteme unumgänglich macht. Was das Kind als sichere Basis betrachtete, zerbröckelt. Was als natürlich galt, verlangt jetzt übermenschliche Anstrengungen, das Kind fällt zurück.

Wir leben nicht mehr in einer Zeit, da Erwachsene die Kinder hilflos dem erstaunlichen Phänomen des Erwachsenwerdens überließen. Ob aber die Pädagogen die Folgen dieser Umwälzung für das Schulleben richtig einschätzen?

Pubertieren ist für jedes Individuum anders. Es läßt den Heranwachsenden allein mit einer oft beängstigenden Verwandlung. In der Schule muß man ihn (während der wochenlangen Dauer dieser Krise) behandeln wie alle, die in einer Periode der Verzögerung oder Lernschwierigkeit stecken.

Wenn ein Kind schnell aufholen will, sollte es sich erst mal von der Regression mitreißen lassen, so wie der Taucher sich vom Strudel mitreißen läßt, um ihm besser zu entkommen. Das Kind hat Gelegenheit, die früheren Mechanismen zu Hilfe zu holen, die ihm in seinem ersten Lebensabschnitt ermöglicht haben, aufrecht zu stehen, zu laufen, zu sprechen, zu schreiben.

Pubertieren ist eine Kraft, die von Individuum zu Individuum variiert. Es ist ein Taifun (arabisch bedeutet das Wort auch „Haus voller Geräusche“), der das früher Erworbene vernichtet. Für den Heranwachsenden ist es von großem Nutzen, sich an das laute Lesen zu erinnern, das ihm neue Selbstsicherheit geben wird, indem es das Verbinden von Buchstabe und Laut neu aktiviert. Er wird merken, daß er dieses wertvolle Mittel der Selbstkontrolle nie hätte aufgeben sollen.

6.

Null Punkte in Rechtschreibung

Leseschwäche beeinträchtigt nicht nur das Lesevermögen, sie zieht alle anderen Lernmechanismen in Mitleidenschaft und besonders auch den Erwerb der Rechtschreibung.

„Mein Kind kann sehr gut lesen, ist aber schwach im Diktat", wie oft habe ich solche Reden aus Elternmund gehört! Ich erkläre ihnen, daß das unmöglich ist, und beweise ihnen, daß ihr „sehr guter Leser" parallel zu seinen orthographischen Problemen Mängel im Lesen zeigt. Ein Rechtschreibschwacher ist immer behindert im Erkennen der Buchstaben. Der Lehrer wird es vielleicht nicht merken, denn beim lauten Lesen kompensiert das Kind (wenn das Problem nicht zu groß ist und wenn es intelligent ist) mit extremer Aufmerksamkeit und großer Anstrengung. Aber irgendwann gibt es auf.

Rechtschreibung wird oft mit Linealhieben auf die Finger gelehrt (in Deutschland seit langem verboten). Das Normative und Autoritäre stößt Schüler ab, die den vielen Fehlern gegenüber nur den einzigen Ausweg haben, die schwierigen Wörter hundertmal abzuschreiben oder sie „auswendig" zu lernen, indem sie sie vor sich hinmurmeln. Tatsächlich wiederholen sie den Fehler und nehmen ihn noch tiefer auf. Nicht nur, daß sie den Fehler wiederholen können, wenn sie das Wort im neuen Zusammenhang finden, sondern sie können es auch neu fehlerhaft verformt haben.

In günstigeren Fällen, wenn der Schüler gut ausgeruht ist oder ermutigt wird von einem wohlwollenden Lehrer, wenn das Diktat nicht zu schnell ist, zeigt die nächste Übung nen-

nenswerten Fortschritt. Er erfolgt allerdings nicht spontan. Beim Hören eines Wortes, das für das Kind eine „Falle" darstellt, schlägt es unbewußt Alarm. Mit viel Ausdauer findet es die richtige Schreibweise wieder, indem es „interpretiert" und die Art, die ihm als erste einfiel, korrigiert.

Es kann dieses komplizierte Kontrollsystem einige Minuten lang aufrechterhalten. Aber schnell kommen die Fehler wieder, selbst wenn es auf Regeln trifft, die es „hundertmal" gelernt hat. Das Kind verliert den Mut. Es hat sich so viel Mühe gegeben und dann so ein Ergebnis! Während des Diktates hat es den Eindruck, ein akustischer Zerrspiegel hätte sich zwischen ihn und den Lehrer geschoben, und es stimmt, Schüler und Lehrer sind nicht auf derselben Wellenlänge. Der Grund ist einfach: Beide hören nicht dasselbe Wort.

Die intelligenteren Kinder kompensieren dann, indem sie sich auf den sprachlichen Zusammenhang stützen oder versuchen, das Phänomen trotz Verzerrung wiederzuerkennen.

Jeder Hals-Nasen-Ohrenarzt kann bezeugen, daß wiederholte Mittelohrentzündungen auf die Dauer tiefe Schäden des Hörvermögens beim Kind verursachen. Die Laute dringen zu ihm nur über einen Filter vor, der manche Frequenzfelder auseinanderbricht. Dies kann man auf der audiometrischen Skala lokalisieren und in Hertz, der universellen Meßeinheit fürs Hören, messen. Die am meisten betroffenen Frequenzen können die sogenannte „Sprachzone" beeinträchtigen, die Zone, wo die Sprache perfekt vernommen und analysiert werden muß. So entstehen allmählich für Rechtschreibfehler geeignete „Felder". Ein Versagen in der Zone von 600 Hz zum Beispiel verhindert die Differenzierung zwischen „k" und „g". Das Kind verwechselt also die Wahrnehmung dieser beiden Phoneme. Genauer gesagt: es hört ein „k" an Stelle eines „g". Wenn man ihm sagt „Guy qui rit" (gi kiri = Guy, der lacht), hört es „ki kiri". Es versteht und schreibt Kikiri. Der Satz kommt mit denselben Deformationen, wenn man es auffordert, laut zu wiederholen. Aber, und das ist das Erstaunliche, wenn es diesen „Guy" (gi) geschrieben sieht bei einer

Leseübung, hindert ihn seine Hörblockade, wenn sie alt ist, diesen Vornamen richtig auszusprechen. Der Klang ist nie „integriert“ worden vom Ohr. Er bleibt auf dem Papier als toter Buchstabe, vor dem das Kind anhält, stottert, stammelt, noch mal von vorne anfängt und schließlich ein annäherungsweises Phonem hervorbringt.

Lange dachte man, daß Leseschwierigkeiten ihre Ursache darin hätten, daß manche Buchstaben sich graphisch zu sehr ähneln. Das Schreiben setzt eine große Beherrschung der Mikromotorik voraus. In der Tat zeigen sich die Buchstaben erst mal wie ein unentzifferbares Band aus geheimnisvollen Zeichen. „p“ und „b“ sind die gleichen Zeichen nur in umgedrehter Form. Ein „m“ ist ein „n“ mit einem zusätzlichen Rücken. Aber was sind diese Feinheiten im Vergleich zu denen, die vom Ohr verlangt werden, um Laute zu differenzieren? Zwischen dem graphischen und dem auditiven Erkennen liegt ein Unterschied wie zwischen der Arbeit eines Holzhackers und einer Spitzenklöpplerin.

Im oben erwähnten Fall „g“ und „k“ ist der Unterschied zwischen den beiden Lauten wirklich minimal. Er beruht auf dem Anschlag des Phonems. Im ersten hört man „nng“, im zweiten ist der Anschlag sauber, direkt „k“. Wenn das Ohr diese Feinheit nicht hört, gibt es den Eindruck, das erste Phonem auf das zweite zu drücken. In Wirklichkeit verkürzt es ihn, indem es die laryngierten „nn“ ausschaltet, die es weder hört noch integriert in dem „g“. Es bleibt nur noch „k“ übrig. Hört das Kind überhaupt ein gut identifiziertes „k“? In Wirklichkeit schafft es sich ein eigenes Phonem und sogar ein ganzes Universum von „Parallel“-Lauten, die dem entsprechen, was ausgesprochen oder wahrgenommen wurde. Kann man sich die immensen intellektuellen Mechanismen vorstellen, die erforderlich sind, um die Kommunikation trotzdem zu ermöglichen?

Ein junger Lispelnder setzt uns einen Floh ins Ohr

Bei dem für Kinder unter vier Jahren so typischen Lispeln vermag das Kind die Höhen akustisch nicht zu analysieren. Es verwechselt alle Zischlaute. Bittet man das kleine lispelnde Kind das Wort „chambre“ zu wiederholen, wird es wegen seiner besonderen Hördeformation antworten „ambre“. Wenn man dann weiter sagt: „Geh in deine ambre“, mit erstaunter Miene (und ärgerlich, wenn man beharrt) wird es dann sagen: „Nein, in meine ambre“. Dieser verrückte Dialog hat eine phonetische Erklärung. Das ursprüngliche „ch“ ist dem Ohr des Kindes nicht völlig entgangen, es bleibt ein Teil, aber er ist für uns unhörbar geworden. Das Ausgangsphonem hat sich in ein anderes verwandelt, für das nur das Ohr des Kindes sensibel ist. Wenn die Störung andauert, wird dieser für die übrigen Leute „ungehörte Laut“ auf dem Papier eine Art unveröffentlichter Buchstabe. Der Verlust des Hörens in den Höhen bringt auch ein Hinübergleiten zu späteren Orthographiefehlern.

Man kann ein solches Experiment mit Hilfe von Kopfhörern, die die Höhen einer bestimmten Zone unterdrücken, im Labor leicht durchführen. Wir schaffen so die Hörsituation eines jungen Lispelnden. Ich bitte oft Eltern, die Schwierigkeiten ihres Kindes auf diese konkrete Art zu erleben, um es besser zu verstehen. Ich unterwerfe sie einem mit Zischlauten vollgestopften Diktat und lasse sie danach erkennen, welche „unglaublichen“ Rechtschreibfehler sie gemacht haben.

Die Geschichte des kleinen Lispelnden ist die Geschichte aller Kinder mit Störungen der Sprache. Es gibt einen Zusammenhang (direkt in diesem Fall, aber oft subtiler) zwischen den Störungen und dem Ohr.

Jeder Hörfehler zieht Lernschwierigkeiten nach sich. Ein Kind kann zu Hause völlig normal sein und in der Schule schrecklich rechtschreibschwach. Die Eltern beschuldigen schnell den Lehrer, die Schule oder die pädagogische Methode. Die Schule bringt nur frühere Blockaden verstärkt ans Tageslicht. Der „Hörtest", den ich vor Jahren entwickelte, vermag diese aufzudecken. Er legt in Form einer Graphik nicht nur die akustischen Möglichkeiten des Ohres, sondern auch seine Öffnungsanomalien bezüglich der Analyse der Frequenzen offen. Er gibt wieder, wo das Ohr sich schließt, sperrt und abblockt.

Der „Hörtest" von mir ist für das Hörvermögen genauso präzise wie die Untersuchung des Gesichtsfeldes für das Sehvermögen, alle Funktionsuntersuchungen eingeschlossen, Sehschärfe, Anpassung, Lichtempfindlichkeit, Konvergenz u.s.w. Leider machen die Spezialisten für Lernprobleme, Pädagogen oder Schulmediziner, häufig von dieser Untersuchung Gebrauch, vergessen aber den Hörtest.

Dieser Test hilft uns, dem möglichen Maß der Rechtschreibschwäche eines Kindes vorzubeugen. Man kann, wenn man will, von einfachen Kurven auf den Typ der Wörter oder orthographischen Regeln, an denen es scheitern wird, schließen.

Umgekehrt erlaubt uns ein Diktat voller Fehler, die Hörkurve des Kindes zu erstellen. Man kann diesen Zusammenhang als selbstverständlich betrachten. Diese Phänomene sind so zwangsläufig, daß wir sie nicht mehr beachten, aber im Grunde führt die Lösung des Problems über die Erziehung des Ohres.

Therapien, die Rechtschreibschwäche behandeln wollen und dabei nicht über die Heftseiten hinausschauen und den Buchstaben nur als Phänomen der Schrift ansehen, sind zum Scheitern verurteilt. Der Buchstabe wird vom Leser erkannt aufgrund der Sonorität, die ihm eigen ist und die erlaubt, ihn zu identifizieren.

Hier erfahren wir, daß Grammatik neurologisch ist

Eltern meinen oft, die Schwierigkeiten ihrer Kinder hingen mit der zu großen Lernkomplexität des Französischen zusammen. Unsere Sprache hat einen schlechten Ruf. Sie ist schwer zu beherrschen. Die Regeln unserer Grammatik sind angeblich „unzusammenhängend, zu zahlreich und widersprüchlich“. Gewiß, Französisch hat eine lange Geschichte, aber welche Sprache hat sie nicht? Die Wörter leben. Die Etymologie hat die Rechtschreibung kompliziert gemacht. Beim Lesen trifft man auf Hindernisse und Fallen. Mit schöner Regelmäßigkeit, wie das Ungeheuer von Loch Ness, taucht ein altes Gespenst auf: Reform der Rechtschreibung.

Manche Fachleute befürworten die Vereinfachung und Einführung einer verallgemeinerten „phonetischen Schrift“. Immerhin, wenn das mit der ganzen Schrift passiert, (so meinen wir wenigstens), warum nicht dieses Argument weiterverfolgen? Man müßte dann für die Schreibung eines Wortes genauso viele Möglichkeiten, wie es Hörverzerrungen gibt, in Betracht ziehen. In Wirklichkeit würde die „buchstäbliche“ Anwendung eines solchen Systems gerade die Rechtfertigung von Rechtschreibfehlern mit sich bringen, da diese, wir haben es soeben erklärt, die genaue phonetische Umschreibung des Hörens des Rechtschreibschwachen sind. Wenn man den „reformistischen“ Vorschlägen folgte, würde jedes so rechtschreibschwach übertragene Wort seinerseits in verdrehter Weise integriert. In kurzer Zeit, von phonetischer Verbesserung zu phonetischer Verbesserung, erhielte man eine Art Dysorthographie im Quadrat. Das hieße, das Kind mit dem Bade ausschütten. Französisch würde unleserlich. Das Minimum an Orthographiefehlern erhält man bei einer gut integrierten Sprache, das Maximum bei der Verallgemeinerung einer auf jeden einzelnen Fall angewendeten Phonetik.

Man kann festlegen, daß Französisch „oiseau“ (oizo) mit „z“ und „o“ geschrieben wird, um das Schreiben und Lesen zu erleichtern. Aber sehr schnell wird das Wort versuchen, den ursprünglichen Klang wiederzufinden, denn jeder Buchstabe, jedes Zeichen hat seine Berechtigung. Es vertritt die Feinheiten und die Rhythmen der Sprache, die in einem Land integriert wurde aufgrund von Geschichte, Kultur und des Hörens.

Sprechen Sie zum Spaß französisch mit amerikanischem oder italienischem Akzent. Wenn Sie unsere Phonetik verlassen, nehmen Sie einen neuen Rhythmus und auch ein neues Vokabular an. Beschleunigen Sie die Wortgeschwindigkeit, so sind es neue Wörter, die aus dem Munde kommen. Kinder und Imitatoren kennen dieses Spiel gut, das uns aus unserer Muttersprache bringt und uns spontan eine andere entdekken läßt. Das ist der Reiz beim Fremdsprachenlernen.

So hat jede Sprache ihren besonderen akustischen Wellenstrang, den man, auch ohne zu verstehen, erkennt. Rechtschreibung und Grammatik gehören dazu. Beide bestehen nicht aus einer Gesamtheit willkürlicher Regeln, einem Idiom aufgedrückt als Nebenlaute, Zusatzbuchstaben oder entstellende Filter. Sie sind der Ausdruck ihres Lebens. Die moderne Linguistik hat aus jeder Sprache, sogar jeder Sprechweise, eine „Struktur" gemacht, die sich vom übrigen abtrennt und in der das Willkürliche die Regel ist. Nun, jedes sprachliche Universum hat eine „psychologische" Dimension, die schwer zu verbessern ist. Je mehr man Syntax und Lexik nuanciert, umso mehr macht man die Sprache sensibel für ihren besonderen „Wellengang". Je mehr man das Ohr verfeinert, das sie kontrolliert, umso mehr bereichert man sie.

Es gibt Rekorde bei Rechtschreibschwachen. Manche sind regelrechte Weltmeister, und ihre Diktate, nachdem der Lehrer sie in die Hände bekommen hat, werden regelmäßig mit vierzig und manchmal mehr angestrichenen Fehlern zurückgegeben. So wird es unserem kleinen Lispelnden ergehen, wenn er bis zur Einschulung sein Handikap nicht überwunden hat.

Aber wenn man ihm ermöglicht, sein Ohr für die „Zischlaute“ empfindlich zu machen, wird er Fortschritte machen, nicht indem er langsam herunterkommt von 39 Fehlern zu 38 usw., er wird sprungweise weiterkommen und nach einigen Sitzungen nur noch 10 oder 12 Fehler machen.

Man merkt auch, daß dieser Neuerwerb der Rechtschreibung das Gebiet der Zischlaute weit überschreitet. Die „Befreiung“ breitet sich auf die Randgebiete aus. Grammatik und Syntax werden gleichermaßen berührt. Wie eine siegreiche Armee, so schreitet das Kind an allen Fronten voran. Es ist eine dauernde Quelle des Staunens für Eltern und manche Lehrer.

Daß unser junger Lispelnder dadurch, daß er die Phoneme besser identifiziert, sie genauer niederschreiben kann, versteht man leicht. Daß die Sensibilisierung seines Ohres das Wahrnehmen anderer verwandter Laute sichert, akzeptieren wir noch – aber Syntax?, Grammatik?

Es gibt zwei Erklärungen für dieses „Rätsel“: Die erste ist einfach, sie ist fast mechanisch. In der Zeit der Schwierigkeiten mit der Rechtschreibung haben sich Eltern und Lehrer bemüht, diesen unverbesserlichen Schüler Listen und Listen mit Wörtern und Regeln, die hundertmal abzuschreiben und auswendig zu lernen waren, lernen zu lassen. Damals konnte er sie nicht richtig anwenden, häufig aus Zeitmangel. Heute leuchten sie ein und enden nicht mehr am Ohr eines Tauben. Sie tauchen wieder auf, werden natürlich verstanden und angewendet.

Die zweite Erklärung ist komplizierter und führt uns zum Kern des menschlichen Gehörs. Grammatik und Syntax haben geraume Zeit vor der Erfindung von Schrift und Lesen existiert. Sie sind wesentlich beim Hören der Sprache. Das Ohr, verstanden in einem Sinn, der weit hinausgeht über das einfache Hören, hat sie integriert.

Auch kann der Mensch keine Sprachregel entdecken, wenn sie nicht tief in seinem Nervensystem bereit ist. Sie ist schon da, weil sie die Stütze seiner Rede ist. Er kann auch sprechen, ohne darum die Regel zu kennen. Grammatik ist zunächst neurologisch und nicht der Teil des Sprachcodes, in den wir sie eingesperrt haben. Ihre Beherrschung scheint aber noch schwieriger und unsicherer als die der Phonetik. Ein schnelles Diktat (bis zu fast unerträglicher Geschwindigkeit gesteigert) zeigt, daß man zuerst die Kontrolle über den Satz verliert, Fehler mit den „Lauten" kommen erst in zweiter Linie vor.

Man hat oft Beherrschung von Grammatik mit Bildung und Intelligenz gleichgesetzt. „Französich richtig sprechen und schreiben" sei einigen klugen Köpfen oder den grün gekleideten Herren der Académie Française vorbehalten. Ich kenne aber -zig Männer und Frauen, die nicht die Chance einer höheren Schulbildung hatten und in bescheidenem Umfeld lebten. Ihnen zuzuhören, ihre Texte zu lesen, ist eine echte Freude und ein Fest für den Geist.

Kinder, die als „leicht geistig behindert" gelten, liefern manchmal untadelig geschriebene Diktate ab. Dagegen kann ein Hochbegabter viele Fehler machen. Die Ersteren verstehen nichts von dem, was sie schreiben. Der Letztere macht Fehler bei seinem Versuch, Fehler zu überwinden.

Der schwierige Stand des unsicheren Schützen

Bis zum Einzug und zur allgemeinen Verbreitung der modernen Mathematik konnte ein Kind katastrophale Zensuren in Französisch auf dem Halbjahreszeugnis haben und doch seine Würde bewahren, weil es „gut im Rechnen" war.

Auf der einen Seite standen die in Mathe Starken, auf der anderen Seite die Starken in Sprachen. Die Schule schien sich mit diesem Tatbestand, der zwei zwar unterschiedliche, aber gleich ruhmreiche Welten trennte, abzufinden. Diese vorübergehend bestehende Lage entstammte einer verhältnismäßig modernen Auffassung des Unterrichts aus dem

19. Jahrhundert. Sie hatte eine künstliche Teilung des Menschengeschlechtes vorgenommen.

Im Altertum bei den Griechen waren Grammatik und Mathematik Teile desselben „Pakets", der Philosophie. In bestimmten Sprachen, wie dem Hebräischen zum Beispiel, schreibt man Buchstaben und Ziffern auf die gleiche Art.

Der Einzug der modernen Mathematik hat eine alte Tradition aufleben lassen, denn heute wird alles gelesen und entziffert. Es ist für unsere armen leseschwachen Kinder nicht günstig, denn sie werden damit auch noch rechenschwach. Umgekehrt, wenn ein in Französisch schwacher Schüler aufholt, macht er dadurch ebenfalls im Rechnen Fortschritte.

Die Brücken sind wieder hergestellt, literarische Texte und mathematische Formeln lassen sich wie Sätze lesen, in denen sich Zahlen und Buchstaben mischen. Um sie zu verstehen, braucht man ein unglaubliches Abstraktionsvermögen. Der Buchstabe beherrscht die Zahl, und er hat das letzte Wort.

Es gibt aber typische Probleme bei der Rechenschwäche. Man behandelt sie übrigens mit besonderen Methoden. Ursache für diese Störung ist eine falsche Körpervorstellung. Arithmetik setzt Erwerb des Sinnes für Vorwärtsbewegung voraus, eigenartigerweise von links nach rechts, und Geometrie setzt den Sinn für Lokalisierung im Raum voraus.

Ein Kind, das in seinen Bewegungen und in der Sprache zögert, hat keine richtige Seitigkeit (Lateralität). Es verwechselt rechts und links, hat keinen Orientierungssinn, schlechten Gleichgewichtssinn und ist hilflos, wenn es sich für eine bestimmte Richtung entscheiden muß. Es versteht schwer, daß sich Bewegung in eine Richtung vollzieht. Die Begriffe vorne und hinten bleiben für das Kind auch sehr ungenau. Der Gedanke an eine arithmetische Progression bleibt ihm infolgedessen völlig fremd.

Ohne Anhaltspunkt kann ein „nicht lateralisiertes" Kind einen Gegenstand nicht lokalisieren. Er scheint ihm gegenüber zu stehen, aber vielleicht ist es doch mehr rechts oder links, im Profil, im Hintergrund, seitlich zu sehen? Es ist unmöglich, ihn zu lokalisieren. Wie kann es den Unterschied zwischen Viereck und Rhombus, zwischen rund und oval bemerken? Es kann nicht definieren. Es ist wie ein Schütze, der ein Ziel von einem im Sturm hin- und hergeschüttelten Gerüst aus anvisiert. Alles fängt an, zu schwanken. Es verfehlt ständig, während sein Kamerad jedesmal trifft.

7.

Wörter, die beklemmen

Gehorsam, Autorität, geweihtes Amt, Hingabe, Berufung

„Das Kind sieht die Welt mit den gleichen Augen wie ein Erwachsener". Aufgrund dieser allgemeinen Auffassung wird es heute beim ersten Lebensschrei in die Welt der Erwachsenen gestoßen. „Warum soll man ihm die Wahrheit verbergen? Hat es nicht ein Recht darauf?" So verläßt der Säugling seine Wiege immer früher. Der Fernsehapparat hat die Amme ersetzt. Die Wohnung hat keine Geheimnisse mehr für das Kind. Es bleibt stundenlang vor dem Fernsehschirm wie angewurzelt sitzen und krabbelt die übrige Zeit durch jeden Raum. Es ist ein kleiner Mann, nicht wahr? „Das Fernsehen ist ein Fenster zur Welt, also soll es sich frühzeitig daran gewöhnen." Lobenswerte Absicht. Manchmal ist man voller Bewunderung, denn es hat ja irgendeine „Werbung erkannt". Großartig!! Aber nehmen wir doch Platz neben ihm und schauen für einen Moment mit seinen Augen. Der kleine Bildschirm wird plötzlich ein Riesenpanorama. Das Bild hat sich in ein sinnloses Mosaik verwandelt. Tatsächlich sind die vom Kind wahrgenommenen Bilder genauso unwirklich wie seine Träume. Es kann sich nicht hineinprojizieren. Es erkennt darin das Wichtige nicht, dafür fühlt es sich zu Handlungen geführt und angeleitet, die ihm durch den Druck auferlegt sind, die die gelieferten Bilder in ihm ausüben.

Das Laufställchen ist für manche Eltern eine unerträgliche Einengung geworden, die ihr Kind der Bewegung beraubt.

Es ist aber doch eine seiner ersten Welten, auf seine Bewegungsbedürfnisse und Körpergröße zugeschnitten. Warum wurde es abgeschafft? Das Kind geht allmählich aus den Armen seiner Mutter zum Laufställchen, vom Laufställchen in sein Zimmer, vom Zimmer in die Wohnung über. Das ist sein Rhythmus, das ist seine Freiheit. Eines Tages wird es sich für die Schule öffnen, wird der Gesellschaft, der Welt begegnen.

Eine inadäquate, zu weitläufige, zu freie Umgebung erschreckt das Kind. Es kommuniziert nicht „wie die Großen", und das Alarmsignal, das es sendet, ist kaum wahrnehmbar. Was macht es dann? Es gerät in Panik, hält sich zurück, bremst sich und blockiert, manchmal für immer.

Mein Beruf hat mir beigebracht, daß bei der Einschulung entdeckte Störungen ihren Ursprung darin haben, daß das Kind sich einer Welt gegenüber verschlossen hat, die es (mit seinem kindlichen Blick) als feindlich und „desorientierend" empfunden hat. Erwachsene sind dafür unempfindlich und das aus gutem Grund.

„Heutzutage ist die Welt verrückt." Das ist ein Allgemeinplatz. Es hat aber zu jeder Zeit Leute gegeben, die Verfall und Apokalypse prophezeit haben. Ich gehöre nicht zu ihnen. In Wirklichkeit befinden wir uns immer im gleichen Chaos. Nichts ist anders geworden, außer der Wahrnehmung, die wir von den Umwälzungen haben. Während Generationen hat der Mensch in kleinen Gruppen gelebt, die ihn geschützt haben. Nähe war die Regel. Man lebte in der Familie und in der gleichen Gegend. Die Beschränkung des Horizontes durch das Nachbardorf brachte Geborgenheit. Die Schule war das einzige Tor, das die Welt öffnete, aber sie tat es in Maßen und ließ dem Kind Zeit, zu wachsen. Plötzlich hat sich alles geändert. Die Völker sind sich infolge der demographischen Explosion näher gekommen, und die enorme Verbreitung der Information gibt uns ein brutales, unbarmherziges Bild der Welt. Da haben wir einen Irrtum begangen. Aber konnte man ihn denn vermeiden?

Mit Bildern bombardiert, steht das Kind voll da vor einer Welt, die die Erwachsenen nicht erklären können. Dank des Fernsehens ist es oft besser unterrichtet als seine Eltern. Früher wurde es sich ganz allmählich seines Werdens bewußt. „Eines Tages, wenn ich groß bin, werde ich das schaffen", sagte es sich vor den Geheimnissen des Lebens. Heute wird es in das tiefe Wasser gestoßen, ohne daß man ihm das Schwimmen beigebracht hätte. Seine erste Regung ist, über uns zu urteilen. Sein erstes Wort: „Nein", seine erste Bewegung Flucht. Es ist unfähig, eine Welt zu integrieren, die sich in sinnlosem Chaos zeigt.

Mit seinen Spielen, seinem Geplapper, seinen ersten Worten baut sich der Säugling eine Welt für sich. Er lernt Kräfte, die er als günstig oder ungünstig erfährt, zu nutzen oder ihnen zu entgehen in einer Dynamik von eigener Struktur und Begegnung mit dem anderen. Das ist zunächst ein vergängliches Gebäude aus Sand, und die Schutzdämme sind noch schwach. Wehe, es kommt eine etwas zu starke Welle. Das Kind braucht Sicherheit, um allmählich seine Umwelt zu erfassen.

Noch als ganz kleines Kind hat es begriffen, daß es ein sehr wirksames Verteidigungsmittel besaß. Vor einer Situation, die nicht in sein Universum paßt, verschließt es sich. Verloren in einem zu großen Haus, in einen schlecht vorbereiteten Umzug gestürzt, hin- und hergezerrt zwischen den Eltern nach Scheidung oder Trennung verliert es seinen Orientierungsmechanismus, seine Zuflucht, seine eigenen Grenzen.

Die Haut ist unsere erste und letzte Grenze. Man meint, in ihr gefangen zu sein. Aber die Möglichkeit, die wir haben, in die Gesellschaft vorzudringen, zeigt, daß das nicht stimmt. Wir sind unendlich dehnbar. Die Beziehung zu anderen geschieht durch Projektion dank der Sprache, dank der Energie, die wir ausströmen, dank unserer persönlichen „Aura". Wir lernen, ein Universum zu formen, das uns allmählich „auf der Haut klebt" und unsere erste Begrenzung ablöst.

Das Kind ist schwach, sagten wir. Aber es ist auch neugierig auf alles. Es lernt sehr schnell alles mögliche, wenn man von dem ausgeht, was es beschäftigt. Können wir dem Kind bieten, was es fordert und was es aufnehmen kann? Vor einer Kathedrale stehend, klein wie es ist, wird es nur das Eingangsportal und die Stufen des Vorplatzes sehen. Wer ermuntert es, hochzuschauen, um den Gesamteindruck zu haben, und sich so vielleicht zu fragen nach dem Geist, der ermöglichte, sie zu bauen?

Heute fragen Eltern sich: „Warum ausgehen, wo doch die Welt durch das Fernsehen zu uns kommt?" Ich persönlich ermutige Kinder lieber zu Kontakten mit Natur und Umgebung. Dort finden sie die Erweiterung ihrer Welt und eine immer neue Quelle der Kreativität, denn sie bleibt ihnen angemessen. Diese Pädagogik des Bekannten ist nicht beschränkt. Sie überschreitet schnell den Familienrahmen, zu schnell für die Eltern, die aus dem Kind „ihre Sache" gemacht haben. Sie erfordert eine Offenheit für die Welt und genaue Kenntnis der persönlichen, sozusagen nervlichen Entwicklung des Kindes.

Ein guter alter Mann lebte vor 2500 Jahren in Ägypten. Der Nil tritt über die Ufer während seiner bekannten Überschwemmungen und überflutet die Felder. Wie kann man sie wiederfinden? Wie den Bauern helfen? Er hatte die Idee, hohe Pfähle einzustecken, die Flächen von den Winkeln aus zu berechnen und die Gesetze der Feldvermessung festzusetzen. Er hieß Thales und hatte damit seinen berühmten Lehrsatz gefunden. Unvermittelt erklärt, interessierte diese Regel der Geometrie nur die fünf Ersten der Klasse. Anschaulich erzählt, wird sie eine schöne Geschichte, die der Vorstellungskraft aller Schüler entspricht.

Ein Kind ist unfähig, abstrakte Ausdrücke wie „Subjekt" oder „Attribut" zu verstehen. Die moderne Linguistik, indem sie diese Ausdrücke neu benennt als „Syntagma" und „Prädikat", schafft nur ein neues Fachchinesich.

Aber das Kind hat Zugang zu den kompliziertesten Grammatikregeln, wenn man ihm die Verbindung zwischen den Sprachelementen wie ein Spiel darbietet. Entfernt man sich damit wirklich von ihrer wahren Funktion? Das Bild eines Zuges paßt sehr gut, um das logische Spiel zwischen den Sprachelementen zu erklären. Die Lokomotive, die den Zug zieht und durch ihre Kraft das Entgleisen verhindert, der Speisewagen, die Zwischenräume, die Bar, die Liegewagen, dieses Bild kann beliebig weitergeführt werden. Dank dieses Bildes erklärt der Lehrer das Spiel der Sätze untereinander in einem Text oder einer Unterhaltung. Er zeigt, wie so ein komplexer Mechanismus gemacht ist, um problemlos zu funktionieren.

Diese „Technik“ ist nützlich, um die kompliziertesten Gesetze zu erklären. Hat Valéry nicht in „L'idée fixe“ die Relativitätstheorie auf das Niveau eines Schülers der dritten Klasse gebracht?

Diese Methode kommt unserer Annahme entgegen. Der Lehrer erhält nichts vom Kind mit Zwang zum Lernen. Tatsächlich muß er sich begnügen, die Kenntnisse zu kontrollieren und ständig zu aktualisieren. Wie ein in Licht getauchtes Kristall nimmt das Kind auf, reflektiert und gibt zurück.

Es fordert dauernde Aufmerksamkeit, man darf es nicht loslassen, muß immer prüfen, ob der Reflex der Quelle entspricht. Wenn es nicht gut folgt, wenn die Wiedergabe mit der Quelle nicht harmonisiert, wird der Lehrer immer wieder zu ihr zurückkommen. Besonders wenn es darum geht, die Mechanismen einzuprägen, die die Grundlage des Lernens bilden: Lesen und Schreiben.

Unter den Schülern gibt es Unterschiede. Sie liegen nicht in der Intelligenz, die ist nämlich, wie jeder weiß, die auf der Welt „am besten verteilte Sache“. Aber einige haben aufgrund ihrer Geschichte Ansichten erworben, haben sich Blockaden geschaffen. Der Lehrer (das ist seine Rolle) muß das Kind davon befreien, indem er sich auf das Zentrum seines Interesses stützt.

Eines Tages empfing ich in meinem Arbeitszimmer einen kleinen Autisten mit seinen Eltern. Die Therapie lief und brachte schon schöne Resultate. Der Vater wendete sich an seinen Sohn, der etwas zu laut geworden war, und fragte ihn, ob er wisse, was Gehorchen bedeutet. Dieser, mit aufgeweckter Miene, antwortete: „Ja, das heißt auf die Lehrerin zu hören."

Das ist ein tiefsinniger Satz, eine schöne Definition von Gehorsam. Das Wort schockiert etwas, es ist unerträglich, weil man seine Bedeutung vergessen hat. Unser kleiner Autist erinnerte uns mit einem erstaunlich treffenden Ausdruck. Gehorchen ist eine sehr starke Zusammenziehung von „ob-aud-ire" und bedeutet in der Tat „auf das zugehen, was man hört" in überlegtem Einverständnis freiwillig und zustimmend.

Wenn das Kind eine Regel versteht, unterwirft es sich nicht, es ist einverstanden und macht sie sich zu eigen. Die Autoritätsprobleme verschwinden. Wir sollten dem Wort seinen ursprünglichen Sinn wiedergeben und erhalten dann eine vollständige Befolgung der Regel, „Gehorsam" genannt. Heute wird er als Zwang erlebt, wie auch die Arbeit als Plage.

Ein Kind, das nicht gehorcht (also nicht hörend auf den anderen zugeht), bleibt verloren in seiner eigenen Welt, wie unser Baby verloren ist in einem zu großen Haus oder hypnotisiert von Eindrücken, die nicht passen. Die Freiheit, die man ihm zu geben glaubt, erzeugt erhebliche Angst und den Wunsch, sich zu verschließen, vielleicht sich zu zerstören.

Spannungen sind entstanden zwischen Lehrern und Eltern, und dabei ist doch der Vater der erste Lehrer, der dem Kind den Wunsch gibt, zu werden und ihm die Pforten öffnet zur Erkenntnis. Wenn der Vater fehlt, wenn er weder mit dem Mund noch mit dem Herzen spricht, wenn er zu beschäftigt ist, sieht das Kind seine Begeisterung, zu werden allmählich schwinden. Es flüchtet in eine Welt, in der meist das Fernsehen die Hauptrolle spielt. Von da an ist das Erworbene dem Vater fremd, und so hat er kaum noch die Chance, dem anfänglichen Ruf des Kindes zu entsprechen, damit es eines Tages einen wirklichen Aufschwung bei seiner Reise als Mensch ahnen kann.

Die Arbeit des Lehrers ist die Erweiterung der väterlichen Rolle und (im besten Falle) ein hervorragender Ersatz. In der günstigsten Zusammenstellung wirkt der Lehrer also in guter Zusammenarbeit mit der Familie. Aber wenn der Familienkern nicht das geringste väterliche Bild entwickelt hat, dann werden Bataillone von Lernunwilligen und Kindern mit Schulschwierigkeiten in den Klassen sich gegenseitig schubsen.

In der Antike, war der Pädagoge übrigens ein Sklave (des Vaters!), spezialisiert auf Erziehung: Man darf sich ihn nicht vorstellen gefesselt an Händen und Füßen und gepeitscht nach Laune seines Eigentümers. Hier auch sind die Wörter Sperren. Sklave bedeutete „im Dienst von“.

Das Kind nimmt sich den Lehrer zum Beispiel. Es formt sich nach seiner Rede und moduliert die Sätze darin wie er, aber der Lehrer bleibt allein im Dienst des Kindes, um es auf den Lebensweg zu führen. Es ist eine wirkliche Kontrolle der Kenntnisse, und der Erzieher darf den Interessenspunkt des Schülers nicht vergessen. Er ist nur da, um die Lernmechanismen zu fördern, sie wirkungsvoller zu machen, indem er dem Kind hilft, sich für die Welt zu öffnen.

Selbst wenn heute der Lehrer unterbewertet oder abgewertet wird, hat er doch die edelste Aufgabe: einem Wesen zu helfen, sich zu entfalten, nicht nur indem er ihm etwas beibringt, sondern indem er ihm zeigt, warum es geschaffen wurde. Diese Einstellung kommt nicht aus seiner Berufsbildung im engeren Sinne. Sie setzt bei seiner Funktion eine wahre Hingabe voraus.

Das aktuelle System zwingt die Kinder, über ihre Zukunft immer früher zu entscheiden, ohne Zweifel, um ein Selektionssystem zu rechtfertigen, dessen Verwüstungen wohl bekannt sind. Als ob seine Zukunft zu gestalten leicht wäre! Die ganze Welt will Formel-Eins-Pilot werden, Fußballspieler, großer Medizinprofessor, aber die Gründe dieser Wahl (Geld und Macht im allgemeinen) werden von Motivationen diktiert, die der eigentlichen Art dieser Aktivitäten widersprechen.

Einem zu helfen, seinen Weg zu finden, ist etwas anderes. Eine „Berufung" entsteht aus tausend kleinen Dingen, die kein Orientierungstest enthüllen kann. Es handelt sich darum, seine Gründe, zu leben, anzuhören, die hinausgehen über soziale Ambitionen des Erwachsenen. Dieses Anhören kann dem Kind helfen, die leise innere Stimme zu hören, die ganz tief in seinem Inneren ruft.

Diese Pädagogik fordert vom Lehrer, sich den Kopf ein wenig zu zerbrechen, um seinen Unterricht den Interessen des Kindes anzupassen. Sie reduziert weder Wirkungsweise noch Fortschritt und zieht nicht irgendeine tiefe Erziehungsreform nach sich. Geben wir doch einfach dem Lehrer mehr Zeit, mehr Verantwortlichkeit und ... weniger Schüler.

Die ideale Klasse besteht aus zwölf Schülern, nicht aus dreißig. Diese Zahl entspricht ebenso universellen wie unerklärlichen Gesetzen. Man findet sie in der Armee, in religiösen Orden, überall, wo eine menschliche Gruppe arbeitet oder zusammenlebt. Die Regel ist einfach, zäh und fordernd. Bei größerer Zahl kommt die Botschaft nicht mehr an, und die Dynamik der Gruppe bricht zusammen.

Ideal ist das Kind allein mit seinem Lehrer, ihm wird nicht verboten, zu träumen. Mit der Ankunft des Zweiten verdirbt sich die Situation, um wieder aufzuleben beim Siebten. Das optimale Zahlenverhältnis beginnt bei dieser Zahl. Aber die Utopie besteht fort: Es gibt nicht genug Lehrer, nicht genug Plätze. Die ganz großen Pädagogen setzen sich zwar über die Zahl der Schüler in ihrer Klasse hinweg, denn sie geben jedem den Eindruck, einzigartig zu sein.

„Überfüllte Klassen“, „zu viele Schüler“, beim Schulbeginn gibt es jedesmal diese ganze Litanei. Aber wenn zu viele Schüler in den Klassen sind, was soll man dann sagen von dem Rattenschwanz von Hilfskräften, die den Lehrer bei seiner pädagogischen Aufgabe umgeben? Ob Psychotherapeuten, Psychomotoriker oder Orthophonisten, der Rahmen, der dem Lehrer gegeben ist, wird immer enger, und sein Gebiet grenzt sich jeden Tag mehr ein. Wenn ein Schüler ihm entgleitet unter den Augen und mit Wissen aller Kameraden, fühlt er sich geschlagen, er hat versagt. Mehrere Male im Unrecht gegenüber dem Rest der Klasse und den Eltern, hat er manchmal Lust, die Arme hängen zu lassen, und so steigern sich schreckliche Situationen für das Kind (es ist nämlich nicht angenehm, eine normale Schulausbildung zu verlassen und zum „Fall“ zu werden) und für den Lehrer, der als unfähig gilt.

Wenn man den Lehrer dieser kostbaren Hilfen beraubte, die eine bessere Kenntnis der Psychologie zur Verfügung stellt, so wäre das genauso dumm. Könnte man nicht um ihn herum, aber hinter einem Wandschirm und im Hintergrund, ein Parallelgremium haben, das dem Lehrer die volle Ausgestaltung seiner Rolle erlaubte?

Ein solcher echter pädagogischer Rat aus Spezialisten wäre imstande, den Lehrer zu erhellen, indem ihm gewisse Aktionen vorgeschlagen würden für einen Schüler, der Lernschwierigkeiten hat oder für ein anderes Kind mit Ausdrucksschwierigkeiten. Das würde dem Lehrer erlauben, das Gesicht zu wahren (das ist das Mindeste und am wenigsten Wichtige), allein an Bord zu bleiben und vor allen Dingen ein Wort mitzureden zu haben zum Wohl des Kindes.

Das Kind im tiefen Wasserkessel

Eines Tages hat der Mensch eine fabelhafte Stütze für die Kenntnisse gefunden, das Lesen. Das Wissen konnte aus dem engen Zirkel des Redens, des Gesprochenen herausgehen und einer größeren Gruppe zugänglich gemacht werden.

Aber zweihundert Jahre vor Plato schrieb man immer noch nicht in Griechenland. Das zeigt, bis zu welchem Maße die Elite dieses Volkes fähig gewesen war, das Universum zu integrieren, bevor es aufgeschrieben wurde.

Das Schreiben hat die Beziehung des Menschen zum Wissen nicht verändert. Wenn Aristoteles sich äußerte, waren es dreiviertel seiner anwesenden Schüler, die nicht mehr mitmachten, und für alle, die ihn gehört hatten, galt er als „rätselhaft". Aber einige Jahrhunderte später war Einstein genauso unverständlich in den Augen, oder vielmehr Ohren, der Mathematiker, die taub blieben für seine Relativitätstheorie. In beiden Beispielen handelt es sich um menschliche Gehirne, die voll funktionieren, gemäß einem bestimmten Prozeß der Dekodierung und Integration.

Wenn man den Grundmechanismen, dem Lesen und dem Schreiben, die Tür schließt, dann sind wir dabei, ganze Generationen von Hirnen zu verderben und das Weiterleiten von Kultur in Frage zu stellen.

Der Zugang zur Kultur ist nicht ein Privileg, nicht mal ein Recht. Es entspricht unserem Wesen als Menschen, geboren, um zu kommunizieren. Ich kenne Landwirte, Hauswarte, die eine fabelhafte Bildung haben, denn sie verspüren in sich den Wunsch und die Leidenschaft für das Lesen. Mit unserem Hirn können wir jeden Tag die Welt wieder gestalten, sie ausarbeiten, sie fortgesetzt überdenken. Dafür sind wir geboren.

8.

Auflösung der Familie

Wirkungen dieser Auflösung

Statistiken sagen es uns: die Familie von heute ist eine Struktur, die eine wahre Umwälzung erlebt. Heiraten ist aus der Mode gekommen, und nie sind die Scheidungen so zahlreich gewesen. Aber wenn ein Paar sich trennt, dann teilt sich das Kind in zwei Teile. Der Bruch zerreißt nicht nur die Geschichte zwischen zwei Personen (das wäre ja nicht so schlimm), sondern für das kleine Kind bedeutet der Bruch das Ende der Welt, das Zusammenbrechen einer Symbolik, in der es sich ein Universum geschaffen hatte.

Die juristischen Spitzfindigkeiten erlauben beiden Eltern, sich in der Aufsicht abzuwechseln. Aber das nützt nichts: 50% des genetischen Kapitals des Vaters „verlassen" die andere Hälfte, die von der Mutter kommt. Das ist (neurologisch gesprochen) Vivisektion.

Das Kind erleidet diese Krisensituation doppelt. Sie ändert zunächst seine Lebensgewohnheiten. In der Tat, in diesen Situationen ist es oft für die Erwachsenen die geringste Sorge. Das Kind wird eine Art Objekt des ewigen Umherziehens wie eine Pflanze, die man tauscht mit der Empfehlung, nicht zu vergessen, zu gießen. Aber das ist noch nicht das Schlimmste. Das Kind hat genügend Quellen in sich, um da allein herauszukommen, und das Gesetz gibt ihm heute Rechte, nämlich hauptsächlich, seine Wahl zu äußern. Das Schlimmste ist die zweite Konsequenz, daß es sich zerrissen fühlt im Innersten seines Körpers, in seinem Nervensystem, bis wirklich in die letzten Zellen. Aber wird es das erklären können, und kann man die Wirkung einer Scheidung auf das Kind abschätzen?

Mit diesen Reden rühre ich nicht die Trommel gegen einen tatsächlichen Zustand und gegen, historisch gesehen, eine neue Freiheit. Ich denke an das Kind, das ewige Opfer des mangelnden Verantwortungsbewußtseins der Erwachsenen. Das kleinste Übel wäre eine „gütliche Trennung". Aber wenn das der Fall wäre, dann gäbe es keine Scheidung, und die psychologische Situation bliebe für das Kind dieselbe.

Einige Eltern haben eine andere Lösung gewählt: die heimliche Scheidung. Zu mir kam eines Tages ein Paar, seit langem geschieden, aber sie hatten es ihrem einzigen Kind verschwiegen. Das war der Grund, weshalb sie nun zu mir kamen. Das Kind (achtzehn Jahre alt) erlebte eine schlimme Depression und war der Drogensucht verfallen. Nach Aussage der Eltern ahnte es nichts. Die Situation des Vaters (internationaler Diplomat) begründete seine sehr langen Abwesenheiten mit kurzen Besuchen während der Ferien. Mir fiel es nicht schwer, ihnen zu zeigen, daß das Kind alles wußte vom ersten Tage an, und das war der Ursprung seiner Probleme. Das Gefühl der Zerrissenheit hatte noch nicht einmal eine Realität, auf die es sich stützen konnte, um die verheerende Wirkung abzuschwächen. Die Eltern hatten ihm die väterliche Symbolik entrissen. Dieser junge Mann war seinem Vater tatsächlich nie begegnet.

Das Kind braucht weder ausgesprochene Informationen noch Krisensituationen, um die Subtilitäten einer psychologischen Beziehung zu empfinden. Es spürt sie und kann darüber sprechen zur großen Verwunderung seiner Eltern! Es gibt Leute, die ein sehr junges Kind adoptiert haben und mich fragen, wie sie ihm erklären sollen, daß es mit Erwachsenen lebt, die nicht seine „wahren Eltern" sind. Unnötig, es weiß das. Man braucht es nur zu fragen, und es sagt es einem. Mit der wahren Mutter hat es sich neun Monate vertraut gemacht, warum sollte es sie mit einer anderen verwechseln?

Das Kind braucht seine Eltern nicht zu sehen, um sie zu kennen. Mutter und Vater besetzen bei ihm einen genauen allgemeinen symbolischen Platz. Generationen von Psychoanalytikern konnten das Problem wenden, wie sie wollten, indem sie mütterliche Werte beim Vater und umgekehrt entdeckten. Die Gesellschaft hat sich die Illusion geben können, daß die soziale Funktion des einen ausgetauscht werden kann gegen die des anderen. Die Fakten sind zäh, die Kinder klarsichtig.

Die symbolische Vorstellung der väterlichen und mütterlichen Funktion ändert sich nicht. Das Kind erhält sie schon als Embryo, zweifellos bei der Befruchtung oder einige Tage später (die heiligen hebräischen Schriften sagen, daß das kleine Lebewesen in diesem Alter die „Thora schon versteht").

Die jüngste wissenschaftliche Erforschung des intrauterinen Lebens besagt, daß die Mutter schon „symbolisiert" und „aufgenommen" ist von dem künftigen Neugeborenen. Diese ersten Vorstellungen (die für uns ein Rätsel bleiben) verbinden es mit dem Fruchtwasser, dem wahren Nährboden des sich bildenden kleinen Wesens, mit der Vergangenheit und ihrem ganzen affektiven Ausmaß. Aber vor allem ist es die Stimme der Mutter, diese filtrierte klangvolle Substanz, noch ohne Bedeutung, doch gegenwärtig, allumhüllend und Energie spendend. Das Ohr ist tatsächlich eines der zuerst entwikkelten Organe des Fötus. Es funktioniert perfekt, und von den ersten Monaten an schwebt es dauernd in einem Jungbad: in einer Welt von gefilterten, für es geeigneten Klängen.

Bei einem Kind, das später Beziehungsprobleme mit seiner Mutter hat, kann eine Stimmpathologie entstehen. Indem es mit ihr bricht, verliert es die hohen Frequenzen seines Hörspektrums, die vorherrschen im intrauterinen Leben. Denn in dieser privilegierten Zeit wird die Wahrnehmung der Höhen besonders aufgenommen. Sie wird später das Raster oder vielmehr das Material, auf dem die Sprache sich ausprägt. Das Kind hat sich auf diese Grundfrequenz eingestellt, und sie leidet im Fall eines späteren Konflikts.

Wenn die Höhen verschwinden, verliert das so behinderte Kind Wahrnehmung und Aussprechen von bestimmten Phonemen, die mit ihnen zusammenhängen. Zischlaute zum Beispiel, es lispelt, stockt, die Stimme wird tiefer, die Harmonien weniger reich. Es hat vielleicht nicht die Sprache verloren, aber die Stimme und seinen Weg. Es behält für sich die Sehnsucht nach diesem idealen „Hören", aber es hat sie zweimal verloren: bei der Geburt und bei dem neuen Zusammenbruch.

In den Augen des Kindes zählt mindestens sieben Jahre lang nur die biologische Mutter. In der Folge der 68er Frauenbewegung wollten einige Eltern die Familiensituation umkehren und den „Hausmann" einführen, während die Mutter arbeiten geht. Das Ergebnis ließ nicht auf sich warten. Die Kinder, der Mütter beraubt, wurden unausstehlich. Erwachsene können sich täuschen, Kinder nicht. Für sie ist das Haus ein Ort der privilegierten Träumerei immer verbunden mit dem Bild der Mutter. Das zeigen ihre Zeichnungen des Hauses. Es stellt immer die Mutter dar. Aber die Klarheit, die es umgibt, die Geräusche, die es erklingen lassen, rufen die väterliche Präsenz hervor. Seine Rolle ist also nicht gleich Null. Aber die wirkliche Begegnung des Kindes mit seinem Vater geschieht erst, wenn seine Sprache schon gut strukturiert ist. Bis dahin ist der Vater zu nichts nutze? Doch, gewiß. Er hat seinen Platz, aber das Kind hat ihn noch nicht in seine Welt integriert. Der Vater ist Verwandter, Bruder der Mutter, Onkel, der ewig Erhoffte.

Eines Tages braucht das Kind wirklich seinen Vater. Denn der Vater gibt ihm den Paß für die Sprache. Bis dahin sprach es nur die Sprache der Mutter. Eingehüllt in die ihm so vertraute Stimme, aber begrenzt in seinem Ausdruck. Die wahre Muttersprache das sind das erste Gemurmel, die ersten Laute, die das Baby gern bis zum Überdruß wiederholt, ohne ihnen Bedeutung zu geben, aber schon merkend, welche gewaltige Macht sie enthalten. Es sind immer dieselben, in allen „Sprachen" der Welt, verdoppelte, gestammelte Phoneme: Mama, Pipi, Popo, Kaka, Papa ...

Der Vater, der dann die Kenntnis der wirklich fremden Sprache vermittelt, der zweiten Sprache, die sich über die erste legt, wird zur Startrampe in die Gesellschaft, zur ersten großen Öffnung gegenüber den anderen. Wenn das Kind diese Stufe versäumt, wo es sein Werden spielt, erwarten es irgendwann viele Schwierigkeiten, alle verbunden mit Lern- oder Schulproblemen. Das ist die eigentliche Verantwortung des Vaters, und das erwartet ein kleines Wesen von ihm.

Wie die Mutter ihr Herz gibt, gibt der Vater seine Sprache. Sie hat Recht auf Liebe, er auf das Werden.

In einem von der Mutter verlassenen Haus kann das Kind nicht leben. Aber wenn es erloschen bleibt, ohne jede Belebung, hat es keine Lust, sich auf die Zukunft zu stürzen.

Ein dreizehnjähriges schwer legasthenisches Kind kommt eines Tages zu mir mit seinen Eltern, wie üblich bei dieser Art von Konsultation. Ich bemerke beim Lesen seines „Hörtests", daß es mit drei Jahren ein schweres Trauma hatte. Ich frage den Vater, dann die Mutter danach. „Nein, wir wissen nichts", sagen sie mir. Plötzlich spricht das bis dahin stumm gebliebene Kind und erklärt: „Als ihr mich zur Pflege gegeben habt." Die Eltern waren doppelt erstaunt. Erstens, daß ihr Sohn eine so ferne Erinnerung tief im Innern bewahrt hatte, zweitens, daß er zu ihnen davon das erste Mal sprach. Sein ganzes Wesen hatte dieses Ereignis als tiefe Verletzung verinnerlicht. Ihm war klar geworden, daß er seine Mutter verlor in einem Alter, wo man sie so braucht. Es war für ihn ein schrecklicher Schmerz gewesen, dessen Spuren er immer im Körper und in der Erinnerung trug.

Ich predige nicht eine Rückkehr der Mutter an den Herd und teile den Frauen nicht als einziges Ziel zu, zu gebären und im Haushalt zu bleiben mit Wickelbabys. Ich zeige den Eltern nur einige ihrer Verpflichtungen im Interesse des Kindes. Ein Kind zeugen ist die Angelegenheit eines netten Abends. Einem kleinen Dreikäsehoch alle Chancen im Leben zu geben, ist etwas anderes. Ich denke, schon gezeigt zu haben, daß er fabelhafte Antennen besitzt über die Sprache im eigentlichen Sinne hinaus an die Intuition appellierend. Sie befähigen ihn, alles zu bemerken und zu behalten, aber man darf nicht vergessen, daß er ein zartes Wesen ist. Eine Kleinigkeit kann sein unwiderstehliches Verlangen, sich der Welt zu öffnen, bremsen.

In einigen Jahrzehnten haben sich die Frauen ins öffentliche Leben integriert. Sie haben dort alle ihren Platz und leisten Großes auf allen Posten, in allen Bereichen. Es geht nicht darum, sie als Schuldige zu erklären oder ein neues Buch zu schreiben, das sie auffordert, „an den Herd zurückzukehren".

Wenn eine Mutter ihr Kind wegen des Berufs verläßt, dann muß wenigstens das Haus (wenn das Kind dort bleiben kann) nicht ganz ohne ihre Gegenwart sein. Der Verwandte oder das Au-pair-Mädchen müssen ständig an sie erinnern. Das ist nicht immer leicht, und das sehr kleine Kind wird oft in eine andere Wohnung gebracht, fern von seinem Zuhause. Die Pflegemutter wird ihre Rolle als „Ersatz" vollkommen erfüllen, wenn sie im Laufe des Tages oft die Mutter in Erinnerung bringt. „Sie ist kurz fort und kommt bald wieder." Sie sollte die ganze Zeit von ihr sprechen und an sie erinnern bei allen seinen Aktivitäten. Ich empfehle den Müttern, ihre Stimme auf Band aufzunehmen und es während der Abwesenheit abspielen zu lassen. So sprechen sie zu ihrem Kind, als wenn sie sich im Zimmer befänden. Sie erzählen Geschichten, singen, das ist oft für das Kind eine sehr große Freude.

Die Jungen lernen nie, Väter zu sein, und das ist sehr schade. Da wäre viel zu erziehen! Heute sagen die Kinder nicht mehr mit Freude und Bewunderung, „Papa hat es mir gesagt". Offenbar spricht der Vater nicht mehr, weiß nicht mehr, was er antworten soll auf immer genauere Fragen. Er ist überfordert.

Von einer Generation zur anderen ändert sich die Sprache. Die Worte des Vaters sind nicht die des Sohnes. Dazu kommt, daß sich in den letzten Jahren die linguistische Bewegung sehr entwickelt hat. Die Eltern blieben zurück in den Startlöchern der früheren Bedeutung. Ganze Teile der Kommunikation brechen zusammen, und mit ihnen sind die alten Gebäude versunken und haben neuen Gebäuden Platz gemacht. Aber wenn die Welt sich beschleunigt, warum sollten die Väter auf der Stelle treten?

Es wäre sehr empfehlenswert, wenn Bücher erscheinen würden, die für Eltern mit Kommunikationsschwierigkeiten Kenntnisse auf Niveau und auf den neuesten Stand brächten. Die Fragen der Kinder haben sich geändert. Mit dem Aufkommen des Fernsehens sind die „Gören" oft besser informiert und oft aufgeweckter als Erwachsene. Unsere Gesellschaft hat alle ihre Systeme der Kommunikation erneuert (vom Telefon zur Telematik). Sie hat sie genauer, schneller, wirkungsvoller gemacht. Die Kinder fühlen sich davon angesprochen und fühlen sich wohl in der neuen Welt.

Immer wieder motivieren irgendwelche Entdeckungen die Kinder direkt und lassen die armen Väter hinter sich. So war es mit der modernen Mathematik und erst kürzlich mit der Informatik. Das Urteil wird rasch, unbarmherzig und grausam gefällt: „Papa hat keine Ahnung."

Die Aufgabe des Vaters wird sehr gefährlich. Die Begegnung mit ihm ist spät und entscheidend. Man darf die Bälle, die das Kind schickt, nicht verfehlen. Wenn der Vater nicht schnell zurückspielt, läßt man ihn links liegen wie einen schlechten Baseballspieler. Vater sein heißt, mit dem Kind sprechen können, denn die Sprechweise wird das Bild des Vaters sein.

Als ganz Kleines fürchtet das Kind die Stimme seines Vaters. Lange bleibt sie für das Kind die Grundlage der ersten Fremdsprache. Sein Ohr, empfänglich für die Höhen, erträgt schlecht die tieferen Frequenzen, die in der Männerstimme vorherrschen. Ihr gegenüber ist es wie der Hörer eines gestörten, sehr lauten Senders, unmöglich ihn zu entschlüsseln. Je lauter der Vater spricht bei dem Versuch, sich verständlich zu machen, umso weniger begreift das Kind, und wenn der Vater beharrt und lauter wird, erlebt der Säugling diesen Austausch als richtigen Angriff der Töne. Es könnte sein, er verschließt sich endgültig, lehnt das Bild dieses lärmenden und unverständlichen Wesens ab. Indem er sich von seinem Vater trennt, verstärkt er seine Abhängigkeit von der Mutter, bleibt länger in ihren Armen. Einige haben sich als Erwachsene noch immer nicht aus ihnen gelöst. Aber wenn es seinen Vater abweist, verzichtet das Kind auf die erste Fahrkarte in die äußere Welt, die Zugang zur Sprache gibt und zu der ganzen damit verbundenen Symbolik: Werden, Eintritt in die Gesellschaft, Integration des anderen. Es tritt so rückweichend ins Leben.

Um dieses Problem zu bewältigen, imitieren die Väter manchmal die mütterliche Stimme, trauen sich zu, mit lieber sanfter Stimme zu sprechen. Aber der künstliche Ton (der rasch mickrig und kindisch wird) täuscht das Kind nicht. Er hat sogar gegenteilige Wirkung. Man hat glauben gemacht, daß die Väter weiblich werden und ihre natürliche Rolle in Frage stellen könnten. Das Kind hat schon eine Mutter (Last genug!). Warum ihr eine Karikatur zugesellen wollen? Der Schlüssel für die Kommunikation zwischen dem ganz Kleinen und seinem Vater geschieht über Veränderung der Hörbeziehung.

Das Kind kommt spontan und schrittweise auf seinen Vater zu. Ungefähr im siebten Lebensjahr ist der Kommunikationswunsch am ausgeprägtesten. In dieser Zeit sucht es unbewußt, außer der Mutter, ein Muster zum Nachahmen und Übertreffen. Aber dieser Dialog bereitet sich von dem ersten Tage an vor.

Der Vater hat unrecht, wenn er meint, dieses Kind, (wenn er auch der anerkannte Erzeuger ist) gehöre auf einen Schlag ihm, wie es bei einem Tier oder Gegenstand wäre. Er denkt, daß sich durch das gemeinsame Leben eine Osmose bildet und das Kind seine Präsenz „aufgenommen“ hat. So begnügt er sich damit, einige vage Sätze an es zu richten, bedeutungslos und ungenau.

Wenn die ersten Kommunikationsschwierigkeiten mit seinem Kind ihn enttäuscht haben, behält er den Eindruck, nicht angehört zu werden, und spricht weiter in Rätseln. Oft in langen Monologen, in unerträglich langweiligen Reden, weit entfernt von dem Interesse des Sohnes oder der Tochter.

Mit Fragen bombardiert während der entscheidenden Jahre, da das Kind sich ihm öffnet, antwortet er vage, erlahmt und stößt das Kind weg, wenn es beharrt. Ein unverständliches Monster für das Kleinkind, wird er für das erwachende Kind ein feindliches oder gleichgültiges Wesen.

Ich erkläre immer, daß Sprechen zuerst, auf den anderen zu hören, heißt. Dieser für sein Kind taube Vater ist vielleicht außer Hause und gegenüber dem Sohn eines Freundes der beste Lehrer. Eine andere Kommunikationsschiene kann oft eine Beziehung ändern, und manchmal genügt die Änderung des Tons, um das Interesse des Kindes zu wecken. Wenn er sein Kind als ein anderes Wesen betrachtet, verliert der Vater vielleicht seinen Panzer und kann seine Gedanken ausdrücken. Von selbst ändert sich dann die Stimme und macht die tiefen Töne fließender und zugänglicher. Er spricht dann nicht mehr ins Leere, sondern bemüht sich, auf den Grund der Gedanken zu kommen. Leider hat man solche Scheu und Höflichkeit den Seinen gegenüber nicht.

Freuds Verdienst ist es, das Phänomen von Reaktion und Gegenreaktion in der Familie aufgezeigt zu haben. Ein großer Schritt im Verständnis der menschlichen Psychologie. Ich zolle ihm Respekt. Aber nach ihm haben die Psychoanalytiker Diagnose mit Behandlung verwechselt. Vor einer Schulschwierigkeit, einer Verhaltensstörung gibt es oft einen schlecht aufgearbeiteten Beziehungskonflikt, eine Blockade im Verhältnis zu Vater oder Mutter. Häufig ist ein Kind Legastheniker geworden aus im wesentlichen psychologischen Gründen, deren Spur sich im Unbewußten verliert. Aber wenn man herausgefunden hat, daß es wegen seines großen Bruders nicht Klavier spielt, gibt ihm das den Freischein Virtuose zu werden? Wird er die Haltung gegenüber dem Instrument ändern?

Seit einigen Jahren sind die Psychologen gemäßigter, besonders bei Beobachtung der beträchtlichen Schäden, die einige als Hexenmeister angerichtet haben. Wenn man diesen gefolgt wäre, hätte die geringste Lernschwäche behoben werden müssen mit mehr oder weniger langer Psychotherapie, genannt „Stütze". Wenn der Therapeut alle Persönlichkeitsprobleme auf die Familie zurückführt, läuft er Gefahr, eine Konstruktion, die sich das Kind klug aufgebaut hat, zu zerstören, ohne ihm Mittel zum Wiederaufbau zu geben. Wenn er am Bilde des Vaters oder der Mutter rührt, verändert er den Kern der Beziehung eines Kindes zu seiner Stimme und Sprache. Er ändert seinen Bezug zum Leben und zum Werden. Wer wäre selbstsicher genug, um sich in ein solches Abenteuer zu stürzen?

In einem psychoanalytischen Werk, das sehr großen Erfolg hatte, berichtete ein berühmter „Psy" den Fall des kleinen Legasthenikers, der anscheinend seine Behinderung vom Vater, dem Briefträger, hatte. Welche Entdeckung! Sollte der den Beruf wechseln? Über das Wortspiel („lettre" gleich Brief oder Buchstabe), das die Schwierigkeit des Kindes den Buchstaben gegenüber erklären sollte, könnte man lachen, wenn die Äußerung des Autors nicht so pseudowissenschaftlich aufgemacht worden wäre, um zu einer Studie dieser Art zu führen. Man stelle sich vor, wenn das stimmte, welcher Gefahr alle Kinder ausgesetzt wären, deren Eltern bei der Post arbeiten!

Oft besteht in der analytischen Dynamik Verwechslung von Diagnose und Behandlung. Nehmen wir an, jemand beklagt sich über unerklärliche Müdigkeit. Die Urinprobe ergibt zu viel Zucker und läßt auf Diabetes schließen. Man kann die Diagnose unendlich fortsetzen. Jedesmal, wenn der Patient eine neue Probe bringt, würde die Analyse nichts an der

Krankheit ändern. Der Arzt würde nur die Behandlung umwandeln in eine Studie der Krankheitsentwicklung. Das passiert in der eng abgeschlossenen Welt der Praxen der Psychoanalytiker. Der Analysierte entlädt täglich sich im Kreise drehend die Abgründe seines Unbewußten. Das kann Jahre dauern. Diese nicht endenwollenden Kuren verfälschen schließlich die Beziehung zwischen dem Individuum und dem Therapeuten. Sie sind für beide gleich frustrierend.

Bei dieser Art Behandlung haben die Erwachsenen rationale Welten errichtet, unabhängig vom Bedürfnis des Kindes und seinem Wunsch, zu gesunden. Indem man dem Kind die Möglichkeit gibt, nicht gelebte Phasen nachzuholen, kommt der gesunde Menschenverstand wieder.

Wir sind tatsächlich erst beim Stammeln in der Kenntnis der Psychologie des Kindes.

9.

Schlag von der Rechten, beachte die Linke

Bis zum vierten Jahr treibt das Kind in der Welt, ohne dem Körper genaue Richtung zu geben. Es ergreift etwas mit der einen oder anderen Hand, gleichwertig. Seine unbestimmten, oft ungeschickten Bewegungen werden im Familienkreis belächelt. Wenn es sich im Hause bewegt, ist Mama in der Nähe. Sie weiß, der kleine unberechenbare Kerl braucht Bewachung. Es ist die Zeit der Dummheiten und kleinen Dramen. Er stößt im Vorbeigehen Dinge um, klemmt sich die Finger in Schubladen, die Füße rutschen auf dem Parkett aus. Er verhakt sich am Teppich. Die Eltern denken, er ist beidseitig gleich geschickt. „Geschickt mit rechts und mit links“, sagen sie bewundernd, als verfüge er über Fähigkeiten, die die Erwachsenen verloren haben.

Leider ist die wirkliche „Beidseitigkeit“ selten. Sie kommt erst viel später. Die aufmerksame Beobachtung dieses Phänomens zeigt uns, daß die „Beidseitigkeit“ tatsächlich die absolute Herrschaft der Rechten über die Linke ausdrückt. Jene zieht diese nach sich und überträgt ihr einige ihrer Fähigkeiten. Beide Seiten werden gleichermaßen ausübend (aber immer mit Vorzug der Rechten). Denn die Qualitäten der einen haben auf die Qualitäten der anderen abgefärbt.

So ist es nicht bei unserem jungen Kind, dessen Unsicherheit das Fehlen einer ausgeprägten Lateralität zeigt. Überdauert dieses Fehlen das „zarte Kindesalter“, wird es ein schweres Handikap und eine ständige Quelle von Integrations- und Lernschwierigkeiten.

Die Wahl zwischen der rechten oder linken Seite wird mit etwa vier Jahren getroffen. Die Lateralisation drückt den tiefen Wunsch aus, zu kommunizieren und die Welt zu erfassen. Sie mobilisiert den Körper, macht die Bewegungen sicherer, aber die Sprache gibt ihm seine ganze Kraft. In dieser Zeit gibt das Kind die mütterliche Sprache auf, voller Lispeln, Zögern, Annäherungen und „gestammelter" Phoneme, um sich eine strukturierte Syntax zu bilden und einen reicheren Wortschatz. Alles ist bereit, eine Klippe gut zu nehmen und eine bestimmte Richtung einzuschlagen. Mit der Lateralisation verwandelt das Kind sein ganzes kleines Wesen in eine Kommunikationsmaschine. Es macht sich die Welt bewußt. Die Schule, die es gesellschaftlich integriert, wird das ideale Sprungbrett, um dieses neue Selbstvertrauen zu festigen. Wenn die Familie unterstützend wirkt, während das Kind sich „nach rechts ausrichtet", sind die Fortschritte spektakulär.

Arme Linkshänder! Die Zeiten, als sie gequält wurden, scheinen vorbei. Aber einige besonders sture Lehrer und unwissende Eltern greifen weiter den linken Arm an, um sie zu zwingen, die „gute Hand" zu nehmen. Linkshänder hatten seit Jahrhunderten den schlimmen Ruf, „Unglück zu bringen". Man hat sie übler Behandlung unterzogen und lange als Parias des Lernens angesehen. Aber noch heute weiß man nicht, von „welcher Seite" man sie nehmen soll. Denn mit einem Geist der Revolte und Durst nach Anerkennung fordern sie zu Recht dieselben Rechte wie ihre Kameraden mit der „offiziellen" Lateralität. Es ist Tatsache, daß es keine „schlechte Seite" gibt, und „geschickte" Linkshänder sind genauso häufig wie ungeschickte, „linkische" Rechtshänder. Aber heute zeichnet sich eine andere Tendenz ab, nämlich die Linkshänder ihre Lateralität voll ausleben zu lassen, ohne ihnen eine mögliche Öffnung zur Rechten zu zeigen. Ist das richtig?

Diese Auffassung (gut, wegen Gleichheit der Rechte) bringt auf neurologischem Gebiet eine wirkliche Trennung zwischen der Rechten und der Linken. Sie bedeutet, daß zwei Welten sich unüberwindlich gegenüberstehen und daß die Asymmetrie keine Richtung hat, mal zu der einen, mal zur anderen Seite neigend, beliebig.

In unseren Hirnen herrscht die größte Verwirrung bezüglich der Bilateralität des menschlichen Körpers. Zwar haben wir zwei Hände, zwei Ohren und zwei Augen. Der Kehlkopf hat zwei Abteilungen. Die Stimme fließt durch die rechte oder linke Seite des Mundes. Früher trugen Leute mit „Hasenscharte" das Stigma dieser Spaltung und zeigten am Körper, daß es im Sprechen eine Bahn zur Rechten und eine zur Linken gibt.

Aber die Lateralität beruht nie auf einer Wahl ausgehend vom Gehirn oder vom Nervensystem, das mal diesen, mal jenen Weg vorschlägt, je nach persönlichen psychologischen Unterschieden.

Der funktionale Unterschied zwischen rechter und linker Seite ist gleichermaßen einfach und komplex. Stammt er von Erziehung und Lernen, ist er angeboren? Bildet sich die Lateralität vor der Geburt? Tatsächlich gibt es keine „tote Seite". Jede hat ihre Bedeutung, ihre Einheit, ihre Eigenart. Die linke Hand des rechtshändigen Tennisspielers ist für ihn nicht „nutzlos". Ihre Rolle als Gegengewicht beim Bewahren und Finden des Gleichgewichts ist sehr wichtig. Diese Bemerkung trifft auf alle menschlichen Aktivitäten zu. Die Lateralität aber, ist für alle Menschen gleich, denn das Gehirn ist in dieser Funktionsweise nicht veränderbar. Warum also sollte der Mensch der allgemeinen Regel des Universums entgehen, das, wie wir alle wissen, asymmetrisch ist und sich immer in derselben Richtung neigt?

Linke und rechte Seite sind also nicht gleichgültige Dinge. Einige meinen, die Wahl der einen oder anderen wäre Zufall oder entstünde aus der Ausübung einer Freiheit. Nun befindet sich jedes bewegungsbegabte Wesen zwangsläufig eingeschlossen in einer asymmetrischen Bilateralität. Es muß die Begriffe Richtung, Beschleunigung, vorwärts, zurück, nach unten, nach oben, rechts oder links integrieren. Sie alle gehören zu dem „neurologischen“ Gebäude, das wir erben.

Die Grundlateralität wird durch die Sprache gegeben. Sie bedarf eines ausgeprägten Richtungssinnes, um das Kind herauszuholen aus seinem ursprünglichen „Geplapper“ und wirren „Gestammel“. Nun, (und das ist höchst erstaunlich) ihr Erwerb folgt bei allen Kindern dem gleichen Weg. Das komplizierte Tonbandgerät, das wir sind, setzt sich zusammen aus analogen Stücken, die man nicht untereinander austauschen kann, denn die Anwendung ist für alle dieselbe. Die Sprache ist das egalitärste System der Welt. Ihr gegenüber ist niemand benachteiligt. Wie eine flackernde Flamme zieht sie vorüber, erreichbar für alle Hände und alle Ohren mit ihrer Vertikalität, Lateralität und antero-posterioren Vorderseite.

Die Zone der Sprachaufnahme im Gehirn liegt nur auf der linken Hälfte, aber es ist der Hörnerv des rechten Ohres, der direkt dort Zugang hat und diesem Organ eine Sonderstellung in der Analyse der gesprochenen Töne gibt. Um entziffert zu werden, beugen sich alle Phoneme dieser neurologischen Lateralität. Indem es die rechte Gehirnhälfte angreift, verzögert das linke Ohr die Entschlüsselung der Information und zwingt sie zu einem längeren Weg, um dort anzukommen. Diese Umkehrung der Funktionen bedrängt das rechte Gehirn, zwingt es zu einer überflüssigen Operation (verringert so seine eigentliche Rolle) und verzögert die Ganzheit der beiden Hälften. Der rechte Teil des Gehirns hat eine spezifische Rolle, nämlich, die Arbeit des Nervensystems zu kontrollieren und somit die richtige Integration der Sprache.

Wenn die Reaktion beim Linksohrigen über die linke Gehirnhälfte geht, wird die Reaktionszeit langsamer, die Wirksamkeit wird verzögert. Tatsächlich ist die Fläche für den Aufnahmeprozess der Nachrichten und motorischen Antworten dieselbe: es ist das linke Hirn, gespeist vom rechten Ohr. Diese dynamische Veranlagung, die Zusatzenergie während der genauen Ausarbeitung der Gedanken verlangt, beweist, daß es keine Linksseiter gibt. Dies ist erstaunlich, gebe ich zu. Ich weiß auch, daß es „nicht hindert, daß dieses Phänomen existiert", wie Charcot von der Hysterie sagte. Aber die Frage: „Warum ist mein Kind Linkshänder?" kann so neu gestellt werden: Warum gab es in der Entwicklung dieses Kindes keine Lateralisation zur rechten Seite? Wenn es auch keine Linkshänder gibt, widerstrebende Rechtshänder gibt es sehr wohl.

Diese Idee wirft zwei hartnäckige Ansichten um, die beide gleich ausschließlich sind.

Die erste, ein wenig aus der Mode gekommen, betrachtet die Linksseiter als unterlegene Wesen, denen ein wichtiger Zug fehlt, um sie zur Humanität zu erheben. Vergessen wir sie.

Die zweite ist subtiler. Danach sind die Linksseiter anders, und wir müssen ihre Art respektieren wie eine fremde Lebensart. Diese Position läßt die Linkshänder „in Frieden", aber stellt jede mögliche Entwicklung infrage und bringt sie in einen Zustand der allgemeinen Fehlinterpretation der Welt.

Beide Ohren haben dieselbe Funktion, die, zu hören. Aber wie bei den Augen, kann nur eines visieren: das rechte. Das ist eine ganz einfache Meinung, die ich seit vierzig Jahren vertrete, die mir viel Schmähung einbrachte, aber der die Neurologen heute anfangen, zuzustimmen.

Das linke Gehirn empfängt die Information direkt und tut das Nötige. Es ist auf Vorposten. Das rechte prüft, ob die Arbeit gut gemacht ist und steigert, wenn nötig, die Kreativität. Eine Hirnhälfte arbeitet, die andere kontrolliert. Beide werden dauernd mit Information berieselt.

Das rechte Ohr ist „Führer" des Hörens. Es visiert die Töne an wie das rechte Auge das Objekt beim Sehen. Das linke Ohr kann nicht dirigierend sein, aus zwei Gründen: Der eine ist etymologisch – dirigierend bedeutet „von rechts kommend", der andere ist funktional: Das linke Ohr „begießt" den rechten Teil des Gehirns, der sich damit begnügt, den guten Ablauf der Operation zu kontrollieren. Das rechte Ohr „attakkiert“ die linke Gehirnhälfte, die die Information empfängt und die Befehle erteilt.

Das linke Ohr kann im Laufe einer gestörten Lateralisation beherrschend werden. Dann ist das System betroffen. Die Information braucht länger, um ihr Ziel zu finden. Die Kontrollzeiten werden länger und komplizierter. Der Unterschied zwischen Rechts- und Linksohrigen ist oft beträchtlich. Die Verzögerung ist hundertfach, ja, sogar zweihundertfach!

Einige Tausendstelsekunden (neunzehn im Schnitt) genügen dem Ohr, um auf Hören zu schalten. Wenn ein Ton das Trommelfell „kitzelt“ und ein Hörwunsch folgt, „spannt“ das Ohr seine innere Muskulatur und spannt sich zur Aufnahme der Information. Wenn dieser Mechanismus verlangsamt ist, wird der Reflex verzögert. Im Unterricht fängt der Schüler die Botschaft im Flug auf und verpaßt einen Teil. Ein im Lernen der Sprachen schon fortgeschrittenes Kind stellt die Bedeutung wieder her, kompensiert durch Intelligenz oder Gedächtnis. Aber zur Gewohnheit geworden, kurz funktional, ist diese Verzögerung in der Zeit der Latenz Grund für viele Probleme der verschiedensten Art. Denn von Verzögerung zu Verzögerung, von Kompensation zu Kompensation verliert das Kind die „Beute“. Lernen wird für das Kind eine zu schwere Aufgabe.

Der Autist ist der dramatischste Fall. Er braucht zwei Sekunden, um die Information zu integrieren. Das ist die Dauer eines schon gut strukturierten Sprachelements. Wenn er merkt, daß etwas sein Ohr bewegt, ist es immer zu spät. Die Botschaft ist vorbei. Der Autist hat an der akustischen Mauer, die ihn von der Welt trennt, zu schnell verzagt. Er hat sein Ohr geschlossen, das Bedürfnis, zu hören, unterdrückt und oft damit auch den Lebenswunsch. Vorübergehend sind wir alle Opfer dieses Phänomens. Manchmal klopft ein Freund uns auf die Schulter, um zu zeigen, daß er gerade mit uns sprach. Das Ohr hat zwei Türen: das Trommelfell und das innere Ohr. Dieses allein trägt den Wunsch, zu kommunizieren und zu hören.

Die Zeit der Latenz (das heißt die Reaktion des Hirns auf die vom Hören übermittelten Informationen) ist nicht für jedes Ohr gleich. Wenn das rechte, hoch funktional und sehr tätig ist, zieht es das linke mit, um genauso schnell zu sein. Wenn durch den Zufall der individuellen Entwicklung das System umgekehrt ist, verliert das leitende Ohr seine Geschwindigkeit und paßt sich dem linken an.

Ein gestörter Rechtsseiter ist ein Kind, das zumindest eine Seite gewählt hat. Das ist nicht der Fall beim Säugling, dessen Unentschlossenheit das Fehlen einer fertigen Lateralität zeigt, die „Nicht-Lateralisation". Fortgeführt über das „zarte Alter" hinaus wird sie ein schweres Handikap und eine immer neue Quelle von Integrations- und Lernschwierigkeiten. Einige Linkshänder oder nicht ausgeprägte Rechtshänder kommen im Laufe einer Rückentwicklung wieder zu dem Zustand der allgemeinen Unausgeprägtheit. Sie werden „dyslateralisiert".

Da sie über keine Koordination der Bewegung, über keine Anhaltspunkte im Raum und über keine Orientierung in der Sprache verfügen, durchleben die Kinder mit zerstörter Lateralität ein wahres Drama, nicht zu vergleichen mit den Linkshändern. Dieses ernste Handikap kann Ursache von schweren seelischen Krankheiten sein. Auf dem Gebiet des Hörens sind sie in eine allgemeine Kakophonie gestürzt. Die Töne kommen mal durchs eine, mal durchs andere Ohr, ohne räumliche Festlegung. Die Höhen trennen sich von den Tiefen und Mittellagen. Das sonore Spektrum ist in vollem Aufruhr. Kommunikation mit dem Lehrer und den Kameraden geschieht durch Verzerrung und ein nicht zu entschlüsselndes Durcheinander. Diese Kinder können erhebliche Ausdruckschwierigkeiten haben. Sie kommen wieder (wenn sie es überhaupt je verlassen haben) zum Gestotter und Gestammel der ersten Lebensmonate zurück. Beim Lesen und Schreiben sind sie totale Legastheniker. Wie also könnten sie leicht dem Schulunterricht folgen?

Ohne die gleichen katastrophalen Folgen ist das linksseitige Kind neurologisch zurückgeblieben und langsamer als die

Kameraden, die die Information rechts erhalten. Manchmal wird ein Handikap zur Motivation in einem Hindernisrennen, indem es die Kontrollmechanismen vervielfacht. So erklärt sich, daß Linkshänder gut in Schule und Gesellschaft zurechtkommen. Aber der Linkshänder bleibt leichte Beute für alle neuen Lernkrankheiten verbunden mit „dys“: Dysorthographie, Dyskalkulie. Der Linkshänder ist der Vetter ersten Grades des Legasthenikers, oft sein Zwillingsbruder. Beide haben Schwierigkeiten. Manchmal regen diese den Linkshänder an, aber die Korrekturmechanismen, die Ausgleichmechanismen und die Interpretationsmechanismen, die er aufbietet, um den Informationen zu folgen, können zusammenbrechen. Sein Abgleiten zur Legasthenie ist deshalb häufig und natürlich. Die Lateralisation ist das Problem und der gemeinsame Punkt bei diesen beiden Verhaltensweisen.

Aus welchem Grund wählt ein Kind die Linke? Es kann sein, daß es am Anfang nur ein Irrtum des neurologischen Weges ist, wie beim Autofahrer, der sich täuscht bei dem Versuch, eine Abkürzung zu nehmen. Es gibt auch psychologische Gegenreaktionen. Zum Zeitpunkt der Lateralisation will das Kind links bleiben aus Opposition gegen die symbolischen Werte der Rechten: Bild des Vaters, Zugang zu Sprache und Gesellschaft, Autorität.

Immer bedeutet diese Wahl ein Widersprechen. Der Linksseiter sagt „nein“. Der Lehrer wäre übrigens schlecht beraten, wenn er versuchte, ihn die Lage wieder durchleben zu lassen, die am Beginn seines Verhaltens stand. Ein Linksseiter ändert sich nicht dadurch, daß er sich der Vergangenheit zuwendet, besser zeigt man ihm die Wege eines anderen Werdens.

Denn er hat seine Persönlichkeit, es gibt den typischen Charakter des Linksseiters. Seine Psychologie erklärt sich durch ein Unterscheidungsmerkmal, das von der ganz besonderen Hörhaltung, die er einnehmen muß, herrührt. Vor einer schwer zu entschlüsselnden Welt und in Zwischenphasen der Kommunikation hat er sich einen Panzer gebildet, der ihn schützt und ihm ermöglicht, voranzukommen, manchmal langsam und mühsam. Er hat sich eine Welt für sich gebaut, in einer Art reicher als die der rechtshändigen Kameraden, aber er ist gezwungen sich oft zurückzuziehen, und gegenüber der Außenwelt zeigt er eine Haltung der Verweigerung, des Mißtrauens, der Kritik, verstärkt durch seine naturgemäß stärker angewendete Intelligenz. Man merkt es daran, wie er spricht (er hat auch eine Links-Stimme), wie er sich an andere wendet, am Sinn seiner Frage, an seiner Zurückhaltung und seiner immer gleichen Antwort : „Ja, aber ... ."

Der Rechtsseiter nimmt ein gegensätzliches Verhalten an. Er hat Lernmechanismen erworben, die ihn rasch vorwärts bringen. Er ist in einer Dynamik, die ihn zu immer größerer Öffnung treibt. Er sagt spontan „ja" zu einer für ihn gemachten Welt. Man braucht ihn nur anzusehen und ihn sich ausdrükken zu hören, um zu erkennen, was eine Sprache ist, die nach „rechts tendiert".

Streng anatomisch betrachtet, sind rechtes und linkes Ohr identisch. Wir haben auch ein Paar Augen zum Sehen. Aber nur eines kann visieren. Das rechte Ohr ist privilegiert für Höraufnahme, das linke steuert Formung und Lautkontrolle bei.

Es gibt also eine Lateralität des Hörens und eine Spezialisierung des rechten Ohrs in der Richtungsweisung. Leicht zu messen mit einem Hörtest, „Hörlateralität" genannt. Ein rechtes Ohr kann überlegen sein mit plus 30 dB oder aber unterlegen mit minus 20 dB. Im ersten Fall begünstigt die funktionale Überlegenheit die Ausarbeitung der Gedanken und die verbale Gestaltung. Wenn diese Lateralität besteht, inkarniert sich die Sprache und wird im ganzen Körper mit Höchstwirksamkeit wiedergegeben. Wenn ein Linkshänder zur Rechten tendiert, kommt sein Körper in andere dynamische Anordnung, wo jeder Teil Platz und Rolle hat. Die Linke wird wieder zur Stütze, die Rechte zur Vorwärtsdrängenden. Die Linke hält das Blatt, die Rechte schreibt. Die Linke hält das Lineal fest, die Rechte zieht den Strich usw.

Die Querwege

Alle Wege führen nach Rom, auch die Querwege. Das ist eine Tatsache und ein Grund, die Linkshänder nicht zu bestrafen oder sie zu zwingen, gewaltsam die Richtung zu ändern.

Die Linkshänder erringen in gewissen Fällen bessere Resultate als Rechtshänder. In der ihnen gewidmeten Literatur wimmelt es von Beispielen illustrer Artgenossen: Michelangelo, Leonardo da Vinci . . . Heute könnte man Spitzentennisspieler dazufügen: McEnroe, Henri Leconte oder den Beatle Paul McCartney. Sind sie intelligenter als der Durchschnitt? Die ausgeklügeltsten Tests konnten diesbezüglich nie die Rechtshänder von Linkshändern trennen. Ihre Ergebnisse sind anders zu erklären. Gezwungen, auf Straßen mit vielerlei Hindernissen zu fahren, sind sie bessere Fahrer als ihre rechtshändigen Kameraden geworden, die in Höchstgeschwindigkeit auf freien Autostraßen ohne Risiko fahren.

Der Erfolg mancher Linkshänder beweist, daß die Lateralisation manchmal andersherum funktioniert. Durch die Linke kann man tatsächlich alle Aufgaben des Lebens anstreben. Lesen, Schreiben, gute Schulergebnisse, Zugang zu allen Stufen der Gesellschaft sind Teil der berechtigten Hoffnungen dieses besondere Verhalten betreffend. Die „Asymmetrie" des menschlichen Körpers bedeutet nicht Auflösung, endgültigen Bruch in unserem Inneren. Im Gegenteil, der Körper lebt im dynamischen Fließen, in dem sich die Bewegung nur ausbildet, wenn sie soliden Hintergrund hat, einen fest verankerten Stützpunkt. Ein Mittelstürmer, der mit dem rechten Fuß schießt, hat Erfolg, weil er klug die Position seines linken Fußes ausgenutzt hat.

Diese erste Etappe wird, wenn sie nicht gut integriert wird, Funktionsstörungen auslösen: Zögern, Befangenheit, Unsicherheit. Diese Mängel sind nicht das Monopol der Linkshänder! Wie viele Rechtshänder sind ungeschickt, weil sie ihre Linke nicht beherrschen, und werden so richtig linkisch.

Dagegen hat die Linke grundsätzlich ihre Grenzen. Im entscheidenden Moment muß die Bewegung einsetzen. Aber mit einer Lateralität nach links wird die Bewegung in ihrer natürlichen Richtung gehemmt. Sie kann sich nicht entwickeln, und es bedarf (um ans Ziel zu kommen) einer zusätzlichen Anstrengung. Der Linksseiter entdeckt seine eigenen Grenzen an dem Tag, an dem er merkt, daß die richtige Integration seiner Lateralität die Öffnung zur Rechten beinhaltet. An diesem Tag ist er bereit, sich zu verändern.

Von 7 bis 85 Jahren

Das Entdecken der Rechten durch den Linksseiter erreicht man nicht durch Zwang, es muß gewünscht sein. Er will nicht „umerzogen" werden, „normal" werden oder gar ein „Handikap überwinden". Mit dieser Art Vorschlag findet das Kind wieder seinen Verweigerungscharakter und rebelliert. Wer könnte ihm das verdenken? Es ist bereit, wenn es den Finger auf die Grenzen seines Systems gelegt hat und verstanden hat, daß es mit Benutzung der Rechten die Linke nicht verläßt. Es wird also einen Lehrer verstehen, der folgendes sagt: „Du wirst dem, was du mit der Linken leistet, beim Übergang zu rechts andere Fähigkeiten hinzufügen, ohne dabei deinen alten Stand aufzugeben. Du betrittst nicht feindliches Lager, du nimmst deine Lateralität rechts an." Die Schwierigkeit liegt nicht im Lehren dieser neuen Lateralität. Sie liegt in der Qualität des „Hörens" auf Klänge und Geräusche, die das Kind umgeben. Wenn ein Linksseiter „ja" sagt zur Veränderung, braucht es in seiner Umgebung gute Ohren, um ihn wahrzunehmen. Denn seine natürliche Neigung ist, in seiner Lateralität zu bleiben. Er hat in dieser Position viele Kompensationen gefunden und sich eine Identität geschmiedet, die er schwer aufgeben kann. Hinzu kommt, daß die Lehrer heute skeptisch sind. Sie haben sich zur Gewohnheit gemacht, diese Kinder in Ruhe zu lassen. Es besteht die Auffassung – und sie geht noch nicht über die neurologischen Begründungen hinaus – daß es in der Dialektik „rechts –

links“ die Möglichkeit gibt, zu einer guten Harmonie zwischen beiden Seiten zu gelangen. Das Überwech-seln aber, vorbereitet durch gegenseitig vertrauensvolle Kommunikation, kann zu hundert Prozent gelingen. Ohne Abrutschen und Rückfallrisiko. Das Alter spielt kaum eine Rolle. Ich habe sogar kürzlich eine Art Rekord gebrochen, indem ich die Lateralität einer Großmutter von fünfundachtzig Jahren geändert habe. Oft konsultieren mich Studenten. Sie beklagen sich über ungewöhnliche Erschöpfung, sinkende Leistung oder ganz einfach Verspätung in Examensvorbereitungen. Unbewußt haben sie ihre Lage bezogen auf ihr Linkshändertum und bitten um Hilfe. Der Erfolg in diesen „idealen“ Fällen geht über alle Erwartungen hinaus.

Es gibt aber ein heikles Alter, in dem ich vom Wechsel der Lateralität abrate: in der Umstellung zwischen zwölf und fünfzehn Jahren. In dem Alter ist das Kind spontan in Opposition zu allem. Unter der Wirkung eines enormen Hormonschubes erleben der Körper und das Nervensystem eine Revolution ohnegleichen. Es wächst, wird mit neuen Situationen konfrontiert. Ihm eine neue Kodierung aufzubürden, könnte diese Zeit noch schwieriger machen. Die Brücken, die dem Kind helfen, den Fluß zu überschreiten, sind zahlreich und leicht zugänglich. Es gibt keinen Brückenzoll, und man kann immer wieder zurück.

Auf welcher Stufe der Pädagoge auch einen kleinen Linkshänder trifft, das Überwechseln bedeutet eine „Revision“ der Grundmechanismen des Lernens, hauptsächlich des Spracherwerbs. Das Kind braucht eine persönliche Behandlung innerhalb einer normalen Pädagogik. Die Manie, für jede „Störung“ einen außerschulischen Spezialisten zu befragen, führt oft zu Ergebnissen, die dem Ziel entgegenstehen. Sie wäre in diesem Fall paradox, denn damit, daß das Kind akzeptiert, auf rechts überzugehen, zeigt es den Wunsch, sich dem Hauptstrom der Klasse anzuschließen. Warum dem Lehrer entreißen wollen, was genau seine Rolle als Erzieher ist? Um diesem „besonderen“ Schüler zu helfen, organisiert der Lehrer für ihn eine Vielzahl kleiner Spiele, die sich auf seine Erfahrung als Linkshänder stützen und ihm erlauben, zur Rechten zu entschweben. Die Methoden sind zahlreich, tausend und einen Trick hat jeder Lehrer. Das Kind, das diesen Übergang akzeptiert, hat einen Pakt mit dem Lehrer geschlossen. Das Vertrauensverhältnis ist absolut vorrangig. Für den Lehrer ist Verpflichtung Nummer eins, das Kind nie zu zwingen. Der Wunsch ist der Ariadnefaden in diesem Labyrinth. Wenn der Schüler sich sträubt, einen Anflug von Laune zeigt, wird die Sitzung zunächst abgebrochen.

In dieser wahren „Erziehung Nummer zwei" bringt die Psychomotorik gute Ergebnisse. Sie ermöglicht die Kontrolle über Harmonie und Balance des Körpers, aber sie reicht nicht aus, denn sie betrifft nicht die Feinmotorik, den wahren Hebel der Lateralität. Es ist die Sprache (mit den beiden Aspekten Lesen und Schreiben), die den Zugang dorthin bringt.

Gulliver als Helfer der Linkshänder

Die Heftseite ist das Haupttrainingsgebiet der Feinmotorik. Wie in den ersten Tagen des Lernens wird der entschlossene künftige Rechtshänder gern die Fläche beherrschen. Er wird sie nutzen wie einen Computerbildschirm oder einen Fotokopierer mit Vergrößerungs- und Verkleinerungsfunktion. Der Gebrauch der rechten Hand überrascht den, der sie nie benutzt hat. Er empfindet sie als einen Fremdkörper oder ein kleines zu zähmendes Tier.

Die ersten Zeichnungen verlieren sich zunächst auf der Seite. Allmählich gewinnt das Kind Sicherheit. Es verfeinert, arbeitet Details aus, dann verkleinert es gleichzeitig, während es das Blatt füllt. Tatsächlich, der Blick entdeckt, daß es, indem es mehr reduziert, mehr Platz läßt für andere Inschriften. Die Buchstaben unterziehen sich demselben Liliput-Abenteuer. Der ganze Körper dialogisiert mit ihnen. Aber diesmal werden sie durch die Rechte integriert und mobilisieren direkt den betreffenden Teil des Gehirns, der folgt und die neuen Informationen auf das Nervensystem verteilt. Indem sie kleiner werden, werden die Buchstaben präziser und lassen Platz für andere, die zusammengefügt das Alphabet der Welt der Worte öffnen und dann des ganzen Satzes.

Bei diesen Übungen verschwindet die linke Hand nicht. Es wäre zu dieser Zeit nutzlos, ja sogar gefährlich, den Gebrauch der alten Lateralität zu unterdrücken. Ich kannte Lehrer, die die „schlechte" Hand festbanden, um die Kinder zu zwingen, zur „guten" überzugehen. Sie gaben ihnen dadurch einen weiteren Grund, die ganze Welt abzulehnen. Dieses Fehlen der elementarsten Psychologie birgt ein erhebliches Risiko für das Kind: das der Rückkehr zum Fehlen der Lateralität.

Der Rechtslehrling, in seinem neuen Schreibenlernen, entdeckt die Rolle der Heftseite als feste Basis, geschaffen durch die Linke. Ein Löschblatt kann diese Wahrnehmung steigern. Einige Pädagogen treiben diese noch weiter, indem sie „Automatismen der Rechten" auslösen. Das Kind, links gegen eine Mauer gestellt, muß unbedingt die Rechte zum Schreiben gebrauchen. Der Vater, der symbolisch die Rechte vertritt, ist eine große Hilfe für sein linkshändiges Kind. Er muß jede Gelegenheit nutzen, um in sein rechtes Ohr zu sprechen, ohne die geringsten Details zu übersehen. Zum Beispiel bei Tisch wird er darauf achten, auf der richtigen Seite zu sein. Die Lehrer denken nicht an diese kleinen Details, die wie so viele Tricks oft wirksam sind, um das Hingleiten des Kindes zur richtigen Lateralität zu fördern.

10.

Lesen

Die Tiefe des Auges. Die äußersten Fingerspitzen und das Innere des Ohres

Besondere Anwendung eines alten philosophischen Problems: was ist zuerst da, das Ei oder die Henne, das Lesen oder das Schreiben?

Lesen ist der erste Pakt des Kindes mit der Gesellschaft, die „conditio sine qua non" für Lernen. Es ist die gefürchtetste Sphinx: Ohne das Passierwort kein Heil. Heute wird Lesen als natürliche Verrichtung angesehen. Daher sind diejenigen, die es schlecht beherrschen, ein Rätsel geworden und eine Provokation für die Gesetze des Menschen. Die Schule entläßt mehr Leseunfähige als Abiturienten! Die Statistiken geben uns die genaue Zahl der Letzteren (sie steigt, bravo!), aber sie unterbewerten die Zahl der Ersteren.

Kinder mit Schulschwierigkeiten sind alle auf Kriegsfuß mit den Buchstaben. Wieviel Kinder beherrschen wirklich diese Grundkenntnis beim Eintritt in die sechste Klasse? Kaum jedes Zweite, sagen die offiziellen Statistiken. Diese Feststellung scheint uns ins Mittelalter zurückzuwerfen. In der Tat, Lesen ist immer eine komplexe Funktion gewesen, ja sogar künstlich. Es setzt große Virtuosität voraus und besonders die Fähigkeit, einem Buchstaben ohne Bedeutung einen Wert zuzuordnen, den das Kind bis dahin nur in der gesprochenen Sprache angetroffen hat.

Der Mensch ist das erste Lebewesen, das sich durch die Sprache ganz hat formen lassen. Das Sprechen hat sich über eine organische Funktion gelegt die eher (bezogen auf die Geschichte des Lebens) da war: Die Atmung. Die Verbindung ist gut. Ihre Entwicklung verliert sich im Dunkel der Zeiten. Die Schrift ist hineingeglitten in die allgemeine Funktion der Mikromotorik, indem sie die Hand in dieser Ausübung spezialisiert hat. Aber sie ist eine junge Erfindung in der Geschichte der Menschheit.

An dem Tag, an dem der Mensch sie eingesetzt hat, konnten die Informationen aus dem engen Zirkel der gesprochenen Sprache heraustreten und einer größeren Anzahl von Menschen zugänglich werden. Aber zweihundert Jahre vor Plato war die Schrift immer noch unbekannt in Griechenland! Tatsächlich hat sie nicht die Beziehung des Menschen zum Wissen verändert. Die Vorsokratiker, sind sie etwa weniger bedeutend als die „neuen Philosophen", die über die modernsten Mittel der Kommunikation verfügen?

Jahrhundertelang beruhte die Kultur auf mündlicher Überlieferung. Diejenigen, die sie besaßen, hatten ein Wortreservoir genauso reich wie die Gebildetsten heute. Doch sie konnten weder lesen noch schreiben. Man findet noch heute auf dem Lande oder in den Vorstädten alte Leute, die geschickt mit der Sprache umgehen und sich mit bildhaften genauen Ausdrücken äußern. Die schriftliche Kultur ist schließlich noch nicht sehr alt. In meiner Familie war die Generation vor meinen Eltern nicht lesefähig. Meine Großeltern hatten sich für ihre Geschäfte ein richtiges System des Schreibens ausgedacht, bestehend aus kleinen Zeichen, die nur sie kannten. Aber sie fanden sich sehr gut damit zurecht, denn jedes Zeichen war einem bestimmten Ton zugeordnet. Sie hatten auch hohe Bildung, großes Wissen von ihrer Umgebung und von dem Leben der Region. Sie sangen gern, und ihr Repertoire bestand aus Hunderten von Liedern und Zählreimen aus der Gegend von Nizza, die sie mit kräftiger Stimme und gut moduliert vortrugen. Aber heute ist dem Kind, das seinen Weg durch den Irrgarten des Lesens nicht findet, die Welt verschlossen. Schreibunkenntnis, früher tolerabel (da man sie ja ausgleichen konnte), ist das unbarmherzige Signal für Ausschluß aus der Gesellschaft geworden. Generationen von Kindern sehen sich so des Zugangs zur Bildung und schließlich des Wunsches zur Kommunikation beraubt.

Die Schrift brauchte Jahrhunderte, um sich zu formen. Die ersten Phonetiker (Sumerer, Phönizier) haben dadurch, daß sie den Laut mit Meißel ausgehauen haben, allmählich ein Ganzes von geschriebenen Buchstaben ausgearbeitet, die grundlegende Laute der Sprache wiedergaben bis zu einer Grenze, jenseits derer das Ausschneiden nicht mehr interessant war. Der Buchstabe ist so nur eine Tonanalyse in seinem am meisten desartikulierten Teil. Mit der Schrift war das Prinzip des Tonbandgeräts erfunden, aber das einzige Mikro, über das die Gelehrten verfügten, war das Ohr. Es mußte trainiert werden, um zu lauschen, wie auch der ganze Sinnesapparat bis zur Strukturierung von Analogien zwischen dem Ton und einer einfachen graphischen Darstellung.

Ich habe einen Teil meines Lebens auf Kongressen internationaler Linguisten verbracht, wo ich die Chance hatte, den größten unter ihnen, Roman Jakobson, zu treffen. Ich habe ihn antworten hören, ganz natürlich, in allen Sprachen, in denen man ihn befragte. Sein Freund Trubezkoi sprach mit 42 Jahren schon 22 Sprachen. Schließlich am Ende seines Lebens waren es 220! Er und Karchensky, Gründer der modernen Phonologie, sind die ersten gewesen, die die Schlüssel der Balancierung zwischen den verschiedenen Sprachen entdeckt haben. Sie wechselten mit verblüffender Leichtigkeit von der einen zur anderen. Die „Öffnungen" und die „erheblichen Unterschiede" waren für sie nicht geheimnisvoll. Die Wissenschaft verdankt ihnen unter anderem die Entzifferung aller slawischen Sprachen. Diese Linguisten waren „fabelhafte Zuhörer". Ihr Ohr hatte eine musikalische Begabung ohnegleichen. Für sie war das, obgleich sie sich darum nicht gekümmert hatten, offensichtlich. In seinem Werk „Outlines of Phonetics" schreibt Daniel Jones, daß man, um „Linguist zu sein, ein gutes Ohr haben muß". Dem guten Hörer ist nichts unmöglich.

Die Schrift ist das erste Tonband der Sprache. Lesen, ihre versteckte Seite, bleibt immer ein wenig geheimnisvoll, denn wir haben den Prozeß, der zu seiner Entstehung führte, umgedreht. Manchmal haben wir dabei sogar den Code verloren. Das ist der Fall mit einigen Schriften, von denen die Geschichte uns nur wenige Spuren gelassen hat und die geheimnisvoll zu bleiben scheinen, ewig festgelegt auf tot gewordene Buchstaben.

Lesen ist ein Wort lateinischen Ursprungs „legere", das genau bedeutet „mit den Ohren ernten". Die Etymologie gibt dieser Tätigkeit also eine akustische Dimension. Nun, nichts scheint weiter entfernt vom Hören als das Entziffern dieser geheimnisvollen Zeichen, die die Schrift ausmachen. Zwischen dem Wort „Pferd" und der geschriebenen Darstellung klafft ein Abgrund, der dem Kind Schwindel verursacht.

Im ersten Umgang mit dem Buchstaben haben die Schüler es direkt zu tun mit einem fertigen Produkt, sehr ausgearbeitet, aber für sie ohne Sinn. Das Geschriebene ist von seiner vibrierenden Wurzel getrennt, die der gesprochene Laut ist. So präsentiert, fällt er in das Ohr von Gehörlosen. Wenn das Lesenlernen wieder den umgekehrten Weg nähme, würden sich die Schwierigkeiten verringern. Man müßte aus dieser Übung das letzte Glied einer Kette machen, die zuerst die richtige Klangidentifikation des Lautphonems „a", „b", usw. umfaßt, dann das Lernen der Assoziation mit einem geschriebenen Buchstaben. Der Laut, der gut mit dem Buchstaben verkoppelt ist, birgt keine Schwierigkeit der Interpretation, wenn man ihn im Laufe der Lektüre wiederfindet.

Der Buchstabe ist die graphische Übertragung eines Lautes nach sehr vielen sensorischen Abenteuern. Für einige ist der Weg noch deutlich. Wenn man ein Kind auffordert, alles zu vergessen, was es über die Schrift weiß, und zu malen, was bei ihm der Ton „i" und „a" hervorruft, zeichnet es spontan einen geraden Buchstaben für den Ersten, sehr nach unten ausgeweitet für den Zweiten. Ich gebe zu, diese Übertragung ist nicht klar einsichtig zu machen, andere weniger empirische Übungen können sie aber unterstreichen. In „Tonspektren“, die in Form von fotografischen Abbildungen die „Zeichnung“ der Phoneme wiedergeben, etwa wie das EKG die Herzschläge sichtbar macht, bieten sich sehr starke Verbindungen zur Schrift.

Wenn man Elektroden auf den Körper eines laut lesenden Kindes legt, erlauben die von einem Computer aufgefangenen Impulse, den Wellenverlauf der Sprache durch das Nervensystem wiederzufinden und dem entschlüsselten Text gleichzeitig mit dem Leser zu folgen. Der Körper schaltet auf Hören der Sprache durch die Schrift, die sich so wie eine „neurologische“ Darstellung der Laute präsentiert. Das Lesen enträtselt ein Klangband und gibt ihm so seine Bedeutung. Es macht den Weg in entgegengesetzter Richtung und findet, ausgehend vom geschriebenen Buchstaben, einen Wellenzug wieder, der einer Sprechsendung und einer Anhörung entspricht. In dieser speziellen Wiederübermittlung spielt das Auge die Spitzenrolle, indem es dem Ohr die Mittel gibt, eine Gesamtheit von Buchstaben zu verstärken, die Sinn annehmen, indem sie wieder ihren nervlichen und akustischen Wellenlauf finden.

Das Geheimnis des Lesens beruht auf dieser subtilen Assoziation, die vollständig vom Ohr kontrolliert wird. Aber der Erfolg dieser Montage hängt ab von Präzision, von gleichzeitiger Überlagerung der beiden Sinnesorgane wie in einem gut synchronisierten Film. Das Lesen, man merkt es, läuft nicht von Anfang an. Es erfordert den Erwerb der Fähigkeit, einen Buchstaben zu identifizieren, ihm einen Laut beizuordnen, ohne Verformung und ohne Gußnaht und ihn genau wiederzugeben. Diese Schlüsselfunktionen des Spracherwerbs sind einem wohl vorbereiteten Nervensystem zugänglich, das eine ganze Reihe von Mechanismen oft genauso komplex integriert hat, die aber Automatismen geworden sind (sich Aufrechthalten, Gehen, Sprechen) und die von dem Entdecken des Gleichgewichts bis zum Gebrauch der Mikromotorik gehen.

Wenn das Kind sich gut entwickeln konnte, wenn die Familienumgebung günstig ist, wenn es den „Ariadnefaden“

erhalten hat, findet es leicht aus dem Labyrinth des Lesens und des Schreibens heraus. Getrieben von natürlicher Neugier, findet es in dieser Übung die Freude am Spiel, die es überall motiviert, und eine neue Quelle der Begeisterung. Es braucht nicht die Schule, um gerne allein Wörter zu formen. Die Schule ist da für solche kleinen Virtuosen. Aber für die große Mehrheit der Schüler ist diese Prüfung erbarmungslos. Die leichten Sprachverzögerungen und die vom Kind angehäuften Blockaden treffen sich, wenn es ein Blatt Papier mit merkwürdigen Zeichen bedecken oder sie wiederbeleben soll, indem es laut liest. Auslassen von Buchstaben, Wörter, die zur Falle werden, Verwirrungen, Umstellungen, Zögern, das ganze Arsenal des typischen kleinen Legasthenikers erwartet dann den schlechten Leser.

Dieser Test in Großaufnahme ist schrecklich. Er läßt nichts durchgehen. Zahlreich sind die Familien, die sich wundern, wenn sie sehen, daß ihr Kind solche Schwierigkeiten hat in der Schule, wo doch zu Hause sein Verhalten ganz „normal" scheint. Schnell wird dann die Schule beschuldigt, die Lehrerin, die Methode oder die Nichtsnutzigkeit des jungen „Faulpelzes".

Das Innenohr: Schnecke und Labyrinth

Lesen über die Ohren! Ist das möglich, wo einen doch alles glauben macht, daß das Auge der Sitz dieser Tätigkeit ist? Ja, wenn wir das Ohr nicht auf seine einfache Hörfunktion reduzieren und es betrachten als eine der Hauptschaltstellen des Nervensystems. Auge und Ohr sind die Hauptdarsteller in einem geheimnisvollen Abenteuer, dem Lesen. Das Auge folgt den Buchstaben und sendet sie umgeformt in Wellen. Das Ohr entschlüsselt sie, indem es stummen Buchstaben ihren ursprünglichen Klangwert zurückgibt. Diese beiden Mechanismen sind deutlich getrennt, und wenn sie es nicht wären, gäbe es in der Schule keine Legastheniker.

Wer kontrolliert diesen Vorgang? Zunächst der organisatorische Teil der Motorik in unserem Nervensystem: der, der dem Auge (wie anderen Teilen unseres Körpers) erlaubt, fortzuschreiten und den Buchstaben auf der Linie zu folgen. Dann ein Organ (in gleicher Weise mit dem Nervensystem verbunden), das einen Ton einem deutlich unterschiedenen Zeichen genau zuordnet unter der Bedingung, daß es vom Kind richtig erinnert worden ist.

Die beiden Pole (Identifikation und Interpretation) dieses Kontrollpostens haben einen gemeinsamen Sitz: das Innenohr. Sie tragen beide Namen: das Vorhofsystem und die Schnecke. Das Ganze hat eine komplexe Form, die es wie ein kleines Labyrinth aussehen läßt. Die Schnecke verdankt ihren Namen der Ähnlichkeit mit einer kleinen Schnecke. So jongliert der versierte Leser mit den beiden Teilen des Innenohrs. Möge er sie nicht fallen lassen!

Das Auge „sammelt“ (eine weitere Bedeutung des Wortes „legere“) die geschriebenen Spuren. Die Schnecke bemüht sich, diesen Zug von Wellenzeichen zu erkennen und in einem Ton auszudrücken, der sie vibrieren läßt. Lesen ist die Wirkung eines Dialogs zwischen dem Vorhof, der den Lauf des Auges über die Reihe der Buchstaben organisiert und so das Sehen ermöglicht, und der Schnecke, die ihre Klangform enthüllt.

Jedesmal, wenn ein Buchstabe doppelt traktiert worden ist, verfolgt das Auge seinen Weg, um immer wichtigere Einheiten zu erreichen, gefolgt wie von einem Schatten, von der Schnecke, die die Tonfolgen, die sie empfängt, zum Klingen bringt.

Wenn diese Doppelbewegung harmonisch ist, geht der Lauf weiter, angeführt vom Vorhof, dekodiert von der Schnecke.

Die subtile Montage des Lesens beruht auf einer Dialektik zwischen einem System, das die Wellenzüge transportiert, und dem, das uns ermöglicht, sie völlig zu identifizieren. Das Auge ist Spitzenstelle des Lesens, das den Buchstaben erlaubt, wieder Leben anzunehmen, indem sie sich Lauten zuordnen. Aber die „gesehenen“ Zeichen, die verfolgt werden von dem Vorhofapparat, werden innerlich enthüllt unter ihren Klangformen dank der Einwirkung der Schnecke.

Laute Stimme, Königsweg

Wie ein Akrobat, der Jahre braucht, um eine Trapeznummer zu perfektionieren, wie ein Klavierspieler, der sein Spiel über die allmähliche Beherrschung von Tonskalen entwickelt, bevor er Ravel spielen kann, wird das Kind nicht von einem Tag auf den anderen ein guter Leser. Alle diese Aktivitäten haben noch einen weiteren gemeinsamen Punkt: Sie haben ihre wirkliche Dimension in der Virtuosität. Was würden wir sagen, wenn ein Jongleur jeden zweiten Kegel verpatzte, oder wenn der Musiker ein Meisterwerk in einen Katzenjammer verwandelte?

Die geheimnisvolle Verbindung der Schrift mit dem Ohr ist evident in den ersten Lernschritten, wenn sie gefestigt werden durch das „Lesen mit lauter Stimme“. Aber das wird so schnell aufgegeben, wenn man meint, der Schüler ist genügend ausstaffiert. Man ersetzt es sehr schnell durch „stilles Lesen“. Dieses Vorgehen ist paradox. Einerseits erkennt die Schule in der Stimme einen unvergleichlichen Lernwert an, andererseits reduziert sie sie zur Krücke einer einfachen Gedächtnisstütze. Wenn die ersten Jahre der Grundschule vergangen sind, schämen sich die Schüler dessen fast. Warum unterwegs rückwärts schalten?

Die Vorzüge des lauten Lesens bewahren sich das ganze Leben über. Diese Übung erlaubt, gut zu behalten, was man erfaßt und gelernt hat. Das entspricht tatsächlich einer neurologischen Gegebenheit. Lautes Lesen hat Sinn. Es zeugt von dem Vorhandensein von Mechanismen, deren Montage einfach zu beschreiben ist: es überschwemmt das Ohr, das das Hirn tränkt mit Informationen, die zu sammeln sind, während das Auge fortfährt mit der Suche nach hinter den Buchstaben versteckten Lauten. Ich rate, es als pädagogisches Mittel von hoher Wirkung zu nutzen, und empfehle, daß man es während der ganzen Schulzeit erneuert, jedesmal wenn die Notwendigkeit, Wissen zu integrieren, empfunden wird.

Der Gesang wäre der Königsweg, um Buchstaben zu lernen. In dieser Übung finden sie ihren Umfang, schwingen zusammen mir ihrem Grundtimbre und erhalten ihre wahre Identität durch ihre richtige Modulation. Die Stimme in ihrer höchsten Entfaltung öffnet von Grund auf die Gedächtnismechanismen. Dank ihrer lernt das Kind besser, und anstatt sich zu entfernen, kehrt es zurück auf gleichem Niveau in die Welt des Geschriebenen.

Du bist nicht synchron, Schatz!

Wir haben alle das Bild eines Jungen oder Mädchens bei den ersten Leseversuchen vor uns. Wenn alles gut geht, identifiziert das Kind den ersten Buchstaben „a" nahtlos, dann gleitet sein Auge auf ein „b" und der Vorgang fängt wieder an. Der junge Leser macht dann die Assoziation zwischen den beiden Phonemen und konstruiert die Silbe „ab" und gibt so auch einen Klang wieder, den er schon integriert hat. Wenn alles richtig verankert ist, gehen Vorhof und Schnecke im gleichen Schritt Hand in Hand. Die Elemente werden unterschieden, vermischt und verknüpft in einer Sequenzebene, die den Worten, dann dem Satz Bedeutung gibt. Aber das kleinste Sandkörnchen kann die Maschine zum Entgleisen bringen. Wie in einem Playback, in dem der Tonstreifen gegen das Bild verschoben ist, können die beiden Operationen, die das Lesen ausmachen, mit verschiedener Geschwindigkeit ablaufen. Nichts ist synchron. Die eine geht voran, die andere steht auf der Stelle, spielt verrückt. Das Ereignis erscheint zunächst wie ein Gag (es ist übrigens eine typische Quelle des Komischen). Aber sehr schnell wird das Vergnügen, dem Film zu folgen oder zu lesen, durch diese Fehlfunktion zerstört.

Das reizende Bild des jungen Lesers wird zerstört. Es wird ersetzt durch das des Kindes, das sich sträubt bei einem Zeichen, das für es „toter Buchstabe“ bleibt. Es zögert, den entsprechenden Laut auszusprechen. Es ist blockiert, man hört es stammeln, stottern, mehrere Interpretationen geben. Bei diesem Mißerfolg geht es zum nächsten Buchstaben über, aber die vorher falsch gemachte Assoziation stört das Erkennen des zweiten Buchstaben. Die ganze Silbe ist in Mitleidenschaft gezogen, da kein Phonem richtig identifiziert worden ist. „Ab“ wird „ba ba, a,a,a, ba“. Im weiteren Verlauf wird das Lesen abgehackt. Es läßt im Vorübergehen Wortblöcke ohne Bedeutung zurück, übersieht andere und verwandelt den Text in echten Käse! Der vielversprechende Junge mit reicher Zukunft ist der perfekte Legastheniker geworden.

Die mechanischen Ursachen der Legasthenie: Wo man lernt, wie die Schnecke sich im Labyrinth verlaufen hat

Stellen wir uns einen zerstreuten Autor vor, der in einem Comic die Sprechblasen nicht richtig zugeordnet hat. Dieser Vergleich erklärt die meisten Leseschwierigkeiten. Der Ursprung ist mangelnde Synchronisation zwischen Vorhofapparat (oder labyrinthischem Vorhof) und der kleinen Schnecke, den beiden Teilen des inneren Ohrs.

1. Auslassung

Wenn das Auge durch Drängen des Vorhofs zu schnell über die Reihe der Wörter gleitet, haben die Buchstaben keine Zeit, von der Schnecke interpretiert zu werden. Sie entziehen sich jeder Identifikation. Dieses Spiel des Springens gibt dem Lesen einen unregelmäßigen Rhythmus, und es kommt nur durch unregelmäßige Sprünge voran. Wie ein losflitzender Motor erzeugt diese wahre Flucht nach vorn Auslassungen, die die Bedeutung des Textes fortschreitend beeinträchtigen.

2. Inversion

In dem entgegengesetzten Schema löst die Schnecke die Vorhofbewegung auf. Da ihr die Integrationsfähigkeit fehlt, zwingt sie das Auge, zurückzusehen, anachronistisch, bevor es den Faden des Lesens wieder aufnimmt. Es kommt durcheinander, gelähmt von unregelmäßigen Impulsen. Die Augäpfel scheinen lose Federn zu haben, die manchmal zurückfedern, manchmal weit nach vorn, als wenn sie verlorene Zeit wieder aufholen wollten. „Schokolade" wird „Koscholade", „Dyslexie" wird „Lexidie".

Bei diesem Zickzackkurs haben die Buchstaben, Wörter und Sätze weder Ende noch Anfang, der Text ist umgeformt in eine ungeordnete Masse von umgedrehten Blöcken.

Im Laboratorium kann man leicht diese Doppelfunktion beim Lesen beweisen und den Vorhof von der Schnecke trennen. Es genügt (ein etwas verblüffendes, aber ungefährliches Experiment), in das rechte Ohr einige Zentiliter kaltes Wasser zu spritzen. Diese „Operation" löst die Auflösung des Systems aus, und man ist in genau dem Zustand des Durcheinanders, das wir früher beschrieben haben. Das Auge fängt an, zu tanzen, und schon kann man nicht mehr laut lesen. Man wird Legastheniker. Da ist der Schlüssel fürs Lesen und der für die Legasthenie auch.

Diese Analyse dringt nicht zu tiefen (und individuellen) Gründen der Leseschwierigkeiten vor, aber sie erlaubt, zu verstehen, daß die Legasthenie weder „krankhaft" noch „erbbedingt" ist. Das Kind, das darunter leidet, ist nicht Objekt eines blinden Schicksals. Die Legasthenie bekommt ihre wirkliche Dimension, die einer Funktionsstörung des Ohres, „verstanden" im weiteren Sinne: als Organ im Dienste des Hörens und der Integration der Kenntnisse, als eine Pforte zum Gehirn.

Die Buchstaben mit unterschiedlicher Emissionslänge sind die ersten, die bei diesem Experiment leiden. Die „p" werden mit „b", die „t" mit „d" verwechselt. Die Schwierigkeiten werden verstärkt, wenn ein Konsonant oder Vokal in die Kombination eingefügt wird: „pr, br, tr, dr, pl, bl“.

Wenn das Ohr die Unterschiede der Frequenz bzw. Höhe nicht erfaßt, werden die Buchstaben mit Dominanz hoher Töne (s, f, ch, v) verwechselt. Den Buchstaben mit gleichem Timbre und nur im Grundton unterschieden (m, n, g, q) ergeht es gleich.

3. Die müßige Diskussion über die Methode

Die Spezialisten streiten sich, gibt es eine richtige Methode für Lesen? Welche? Analytisch? Ganzheitlich? Gemischt? Quelle von ewigen Bildungsreformen, gefundenes Fressen für Verleger und Psychopädagogen. Die Leseschwachen machen keinen Unterschied zwischen den Methoden. Bei jeder sind sie gleich zahlreich. Das Kind, das einen Buchstaben einem Klang zuordnen kann, kommt immer gut zurecht, gleich mit welcher Methode.

Die Leseschwierigkeit enthüllt immer ein Hörproblem. Die Hörtests beweisen das. Ein Kind, das Zischlaute verwechselt (ch, v, j) und das „zeval“ anstatt „cheval“ sagt, ist unfähig, dieses Wort richtig wiederzugeben, wenn es dieses geschrieben sieht. Die kleinste Verschiebung oder der kleinste Verschluß oder Selektionsverlust haben Rückwirkungen in dieser Übung von höchster Hörfeinheit, die das Ohr ausübt.

Der Legastheniker lebt mit einem deformierenden „Filter“, im Ohr und schwimmt in einem destabilisierenden akustischen Universum. Ohne taub zu sein, wird er dazu gebracht, zu korrigieren und zu kompensieren durch das subtile Spiel der Überinterpretation oder der Analyse des Zusammenhangs. Aber diese Zusatzoperation nimmt einen großen Teil seiner Energie. Während eines Diktates oder beim Lesen braucht er fünfzehnmal mehr Anstrengung, um zu einem Resultat zu kommen, das vergleichbar ist mit dem seiner Kameraden, die besser dran sind.

Dieses Hör-Handikap hat viel gemeinsam mit dem Handikap der Augen. Wie ein Farbenblinder die Farben verwechselt, so unterscheidet ein Legastheniker gewisse Phoneme schlecht. Wie ein Schielender unfähig ist, die Sehachse richtig zu fixieren, so erzeugt ein Legastheniker Verzögerung beim Lesen durch die Unfähigkeit, die Herkunft des Tones zu lokalisieren. Es gibt ein herrschendes Auge und ein herrschendes Ohr. Die Mediziner überwachen die Augen sorgfältig und lassen die Ohren außer acht. Organische Verletzung, Beginn einer Taubheit, ein Abfallen von mehreren Oktaven im Hören, ohne von Entzündungen oder anderen Infektionen zu sprechen, werden genau nachgeprüft. Aber diese feinen Brüche im Hören werden nicht geprüft.

Wenn die Erwachsenen diese Beziehung zwischen Lernen und Ohr schlecht verstehen, die Kinder empfinden sie genau. Ein kleiner Legastheniker auf dem Wege der Besserung wird sagen: „Jetzt höre ich besser, aber ich höre noch nicht hin". Ein kleiner Amerikaner oder Kanadier würde sagen: „Ich höre mehr zu, aber ich höre nicht richtig". Diese beiden Psychologien drücken im Grunde eine gemeinsame Wahrheit aus.

Bei den meisten werden die Frequenzen nicht kontrolliert vom rechten oder linken Ohr, alles mischt sich. Andere sind unfähig, die Töne anzupeilen. Sie können hören, aber sie können nicht hinhören. Das linke Ohr übernimmt die führende Rolle und verpaßt den Ton. Daher stammen starke Störungen der Lateralität. Das entgleisende Kind braucht eine Übersetzungsmaschine, denn unsere Sprache ist ihm fremd.

Die Sauklaue und der skeptische Graphologe

Legastheniker haben kein Glück: unmöglich, beim Lesen zu schummeln. Das geringste Stocken verrät sie. Eine „schlechte Schrift" dagegen ist schwerer zu deuten. Beim Lernenden oder Erwachsenen drückt sie nicht unbedingt Lernstörung oder mangelnde Vertrautheit mit dem Buchstaben aus. Die Schrift wird rasch ein Hemmnis. Allmählich gibt man ihr immer geheimnisvoller werdende Abkürzungen und verwandelt sie in Stenographie des Gedankens. So erklärt sich die Menge rätselhafter Zeichen gewisser Schriften, wie der der Ärzte, die dieses Phänomen bis zur Karikatur getrieben haben und bis zu dem Punkt, daß sie sie selbst nicht mehr lesen können. Der englische Dichter Milton sagte, als er ein altes Manuskript fand und merkte, daß er es nicht entziffern konnte: „Als ich es geschrieben habe, waren wir zwei, die es verstanden haben, Gott und ich. Jetzt versteht nur er es noch."

Einige Legastheniker täuschen ihre Leute, indem sie korrekte Schönschrift zur Schau tragen. Aber allgemein fordert das Schreiben Raffinement im Ausdruck der Details, und um alles zu sagen, eine schon gut angenommene Mikromotorik. Eltern von Legasthenikern sagen uns, daß ihre Kinder, wenn sie aus dem Zustand herauskommen, sorgfältiger werden in der Darbietung ihrer Arbeiten. „Er schreibt besser", fügen einige hinzu. Die Schrift entspricht also dem Sinn fürs Detail und der Mikromotorik. Diese beginnt im frühesten Alter (mit zwei Jahren oder manchmal auch früher), festigt sich und vervollständigt sich etwas später (mit drei bis vier Jahren). Wenn das Kind von seinen Eltern aufgefordert wird, die Hand zum Zeichnen von geometrischen Formen zu gebrauchen, zeigt sich ein Anflug von einigen Buchstaben am Horizont, und wenn es ins Lesestadium kommt, wird der kleine Schüler sensibler sein gegenüber dem geringsten Fehler des Schriftzugs oder Buchstabens. Er geht dann auf festem Grund und verbindet so schneller den Buchstaben mit seinem akustischen Wert.

Diese Wechselwirkung zwischen Geste der Schrift und dem Ohr hat eine direkte neurologische Erklärung. Jeder Körperteil hat seine Projektion auf dem Gehirn. Die der rechten Hand liegt nahe der Projektionszone der kleinen Muskeln des rechten Innenohres. Wenn man letztere künstlich „lähmt", ist die ganze Zone davon betroffen, und die Person erweist sich als unfähig, die Finger richtig zu bewegen.

Man stellt fest, daß Schreiben mit der rechten Hand Zeit spart und die Übung verbessert. Die Spezialisten wissen, daß Links-Schreiben schwerer zu analysieren ist, denn, wie sie sagen, es verdeckt die Persönlichkeit. Es hindert jedenfalls freie Bewegung und findet natürliche Grenzen.

Vor dreißig Jahren, als ich mich über diese direkte Beziehung zwischen Hören und Schreiben äußerte, erhoben sich Stürme von Gelächter und Protest. Ich erinnere mich an einen sehr berühmten Graphologen (noch heute tätig), der meine Theorien heftig anzweifelte. Ich lud ihn eines Tages in mein Arbeitsbüro zu einem Versuch ein. Fairerweise nahm er an. Ich setzte ihm einen Kopfhörer mit Filtern auf, die die Tätigkeit der inneren Muskeln seines rechten Ohres verhinderten. Sein Hören wurde mühsam und sein Sprechen schwer, als ich ihn bat, zu sprechen. Ich forderte ihn auf, seine Unterschrift unten auf eine Seite zu setzen. Eine Übung, da wird jeder zustimmen, die keine Schwierigkeit bietet. Er war trotz mehrerer Versuche dazu nicht in der Lage. Seine Hand brachte nur Gekrickel hervor, ohne Anfang und Ende. Ich weiß nicht, ob diese Lektion ihn für seine Praxis interessiert hat, aber er mußte den Erfolg meiner Demonstration anerkennen. Übrigens habe ich ihn nie wieder gesehen.

Der Buchstabe ist ein lebend gefangener Ton

„Warum kommst du zu mir?“, „Weil ich krank bin.“, „Was hast du?“, „Ich bin Legastheniker.“ Diesen Dialog habe ich hundertmal mit Kindern oder Heranwachsenden geführt, die vor einer Serie von unerklärlichen Mißerfolgen in der Schule oder im Leben zusammengebrochen waren.

Das Wort „legasthenisch“ wird wie ein Nationalgericht an alle Soßen getan. Es ist ein Begriff geworden für mehr als einfache Leseschwäche, der es nur seinen etymologischen Ursprung verdankt. Dieses „Label“ stempelt heute sowohl „Verhaltensstörung“ als auch „Lernschwierigkeit“, „Rechenschwäche“ und andere „Orthographieschwächen“. Es ist so vage, daß es esoterisch geworden ist. Für das Kind bedeutet es einfach, daß es nicht so ist „wie die anderen“. Für die Eltern hat es medizinische Bedeutung durch Besuche bei Spezialisten, die beunruhigende Namen tragen: Psychiater, Psychologe, Psychomotoriker, Orthophonist, Ergotherapeut. Ihr Sohn wird ein Fall. Er muß Tests machen. Man verschreibt hyperausgeklügelte Behandlungen. „Ist es ernst Doktor?“. Diese Überverarztung der Leseschwäche hat einen großen Nachteil, nämlich daß sie den, der darunter leidet, aus dem natürlichen Rahmen, aus Schule und Familie, reißt. Sie sanktioniert das Versagen der Eltern und die offensichtliche Unfähigkeit der Lehrer. Sie stellt das Kind in Schieflage, läßt es schwanken in einer Nebenwelt, die es noch mehr an den Rand stellt.

Das Kind mit Schulschwierigkeiten macht sich einen Berg aus den einfachsten Dingen. Lesen, Schreiben, Zählen, Verstehen, Sprechen, alles wird gleichbedeutend mit Falle oder Hinterhalt. Der Legastheniker ist wie ein Autofahrer, der jeden Morgen versucht, loszufahren, es nicht schafft und sich gezwungen sieht, ein anderes Fortbewegungsmittel zu finden.

Am Ende begreift man, daß diese Kinder in eine Versagenshaltung abgleiten, daß einige sich in schlimmere Pathologien flüchten oder selbstmordgefährdet sind.

Aber in den meisten Fällen schafft eine „psychologische“ Behandlung mehr Probleme als sie lösen kann, denn sie bleibt bei dem Symptom. Der Konflikt mit dem zu strengen Vater oder einer autoritären Mutter, die Geburt einer kleinen Schwester, eine schwierige Beziehung in der Familie, Scheidung, Umzug, tausend Gründe erklären Verhaltensstörung und Blockade. Es gibt so viele Fälle wie „Familiengeschichten“. Wird das Kind in einer stützenden Psychotherapie, in der es die Konflikte erneut durchlebt, wieder ein guter Schüler? Die Krisensituationen verstärken schon bestehende Spannungen, öffnen alte Wunden und verbreiten in der ganzen Familie ein tiefes Gefühl der Schuld.

Früher beschuldigte man das Kind und behandelte es als Nichtsnutz beim geringsten Schulversagen. Heute ist es üblich, sich an die Eltern zu halten. Es ist wahr, daß sich beziehungspsychologische Probleme mit einem legasthenischen Kind in der Familie verstärken. Aber das Aufzeigen des Symptoms hat noch nie den Heilungsweg angezeigt.

Lesenlernen geschieht nicht automatisch, wie wir erklärt haben. Es ist ein weiterer Erwerb in einer komplexen Entwicklung. Der Legastheniker (aus verschiedenen, vorherrschend psychologischen Gründen) hat diesen Weitergang als Etappe seiner Entwicklung verpatzt. Er tritt auf der Stelle. Unser einziges Ziel ist, ihm zu helfen, wieder loszufahren, die verlorene Zeit aufzuholen und aus einer Situation herauszukommen, in der die Suche nach „Verantwortlichkeit" wenig bedeutet.

Indem man dem Kind einen Schubs gibt, um eine Schwierigkeit zu überwinden, ist der Nebeneffekt, daß es die Beziehungsprobleme relativiert, die seine Reaktion erklären konnten. Wenn der Vater der Grund ist, wird die Behandlung dem Kind oft helfen, das Gespräch mit ihm wieder aufzunehmen. Wir lassen uns täuschen über die oft verheerenden Wirkungen der Legasthenie, die rückwirkend die früheren Konstruktionen des Kindes vernichten.

Wenn wir auf die Hörschwierigkeit zurückkommen und dem Kind erlauben, der Sprache wieder Leben, Klang und Sinn zu geben, gewinnt die Welt Bedeutung. Die Beziehung zu anderen wird bereichert, und das Kind gewinnt wieder alle früher erworbenen Fähigkeiten zurück.

Buchstaben in der Suppe

Die Legasthenie ist nicht eine moderne Krankheit, entstanden mit der Entdeckung des Unbewußten. Sie ist so alt wie die Welt und war sogar vor Erfindung der Buchstaben verbreitet. Sie berührt in der Tat alle Mechanismen der Integrierung. Es gibt zum Beispiel eine Leseschwäche im Erlernen der Musik, wo die Assoziation „Entzifferung einer Partitur“ und „Beherrschung der Hand“ dieselben Verdrehungen erleiden kann wie das Lesen. In diesem Fall sind es die Noten, die springen oder sich wiederholen und den ganzen Rhythmus der Interpretation beeinflussen. Die Legasthenie macht ein allgemeines Problem der Sprache deutlich, und die Geschichte der Pädagogik ist voll von diesen kleinen Tricks der Lehrer, um diese ewigen Schwierigkeiten zu beheben. Die alten Römer haben die Suppe mit Nudelbuchstaben erfunden. Bei den Griechen lernte man Lesen, indem man Kuchen aß und sich labte. Jüdische Kinder leckten an mit Honig überzogenen Holzbuchstaben. Die große italienische Pädagogin Maria Montessori hatte andere Mittel ersonnen: Ihre Schüler entzifferten die Buchstaben mit der Zunge. Jeder hatte ein anderes Relief. Eine Art frühe Blindenschrift. In der Reihe „steinreiche Größenwahnsinnige“ wird der Fall des Grundbesitzers genannt, der um seinem besonders störrischen Kind zu helfen, zweiundzwanzig Sklaven in ein lebendes Alphabet verwandelt hatte.

Die Legasthenie ist etwas so Übliches, daß die Nachweistests bei dem Kind oft überflüssig sind. Bevor man es lesen läßt, genügt es, es einige Momente zu beobachten und es sprechen zu hören. Es äußert sich in einem Durcheinander, die Antworten sind ungenau, die Sätze kaum formuliert. Seine Ausdruckschwierigkeiten verstärken sich durch Ungeschicklichkeiten in allen Bewegungen. Vor dem Blatt Papier hindert es seine schlecht ausgebildete Motorik, sich in die richtige Lage zu bringen, die Buchstabenreihe durch den Lauf der Augen festzuhalten und mit den Buchstaben zu dialogisieren.

Die Schrift ist dann das Abbild des Kerlchens, verschwommen, zerstreut und ungenau. Die Sprache muß sich, um beherrscht zu werden, wie der Körper, in eine kontrollierte Richtung bringen.

Aber Eltern und Lehrer kennen viele Fälle von Legasthenikern, die Sportgrößen geworden sind. Einer von ihnen, Mark, erzählt: „Ich war sehr gut in Athletik und der Ruhm meines Fußballteams an der Schule. Das hat mir psychologisch sehr geholfen, mein schulisches Versagen zu ertragen.“ Wir haben bereits von der Schule in Kanada gehört, die tolle Hokkeychamps ausbildet, aber nicht wirklich gute Leser.

Zwischen der harmonischen Entwicklung des Sports und der sehr subtilen Motorik, die der Schreiberwerb voraussetzt, gibt es einen Graben, der die Bedeutung von ganz bestimmten Lernmechanismen deutlich macht. Sie erklären umgekehrt, daß man exzellenter Klavierspieler sein kann und ein miserabler Fußballer.

11.

Lernen

Die Mechanismen

Der kühle Blick des Klinikers gibt uns von der menschlichen Kommunikationsmaschine eine genaue und unerbittliche Beschreibung. Sinnesorgane (Nase, Augen, Ohren, Zunge, Haut) begießen das Nervensystem und das Gehirn. In Gegenreaktion helfen sie, in Kommunikation zu treten mit der Außenwelt, dank der Bewegung der Sprache und der Bewegungsapparate. Diese kühle Schilderung sagt uns nicht das Wesentliche. Wenn die Stücke zusammengetragen sind und wenn der Motor sich in der richtigen Richtung dreht, setzt eine unglaubliche Dynamik ein. Je mehr dieses System funktioniert, um so mehr schreitet es voran und zwingt uns hier sogar, die mechanistische Sicht der Kommunikation aufzugeben. Zwischen dem sich verfeinernden Hören, dem Gedanken, der sich ausarbeitet, der Sprache, die sich bereichert, und dem deutlich werdenden Wunsch, zu kommunizieren, gibt es einen „Schneeballeffekt". Untereinander verstärken sie sich, indem sie sich erneuern.

Wenn in diesem komplizierten Aufbau ein Stück schlecht justiert ist, ein anderes in falscher Richtung eingebaut, dann leidet die ganze Maschine. Schlecht gesichertes Hören, verarmte Sprache, sich verlierender Gedanke . . . Die Dynamik ist so stark wie vorher, aber sie wirkt unbarmherzig in Gegenrichtung. Mit den Blockaden kommen die Verzögerungen, die, indem sie sich anhäufen, den Wunsch nach Kommunikation verlieren lassen, manchmal sogar den Wunsch, zu leben.

Es ist ein Kreuzweg, wie Ödipus haben wir die Wahl zwischen zwei Richtungen. Die erste führt zum Erfolg und zur Öffnung gegenüber der Welt. Die zweite zum Mißerfolg auf der ganzen Linie. Aber anders als im Mythos, kann der Held sich täuschen und zurückkommen. Über einen Seitenumweg erreicht er den „richtigen" Weg.

Schüler mit Lernverzögerung haben eine verhedderte Kommunikationsmaschine. Erhöht sich ihre Zahl? Ich glaube nicht. Aber die augenblickliche Prozentzahl (30 %) ist schon Anlaß zur Beunruhigung. Sich selbst ausgeliefert, treibt die Fluchthaltung diese Schüler zu Verhaltensweisen, die aus ihnen die schwarzen Schafe in der Schule machen. Kaum geliebt, gelten sie für weniger intelligent als die anderen und fügen sich fatalistisch in diese Abwertung.

Wie man ein Kind mit Schwierigkeiten erkennt

Den kleinen Legastheniker (nehmen wir diese Sammelbezeichnung, um über alle Kinder mit Schwierigkeiten zu sprechen) erkennt man leicht. Man braucht nicht die ersten schulischen Katastrophen abzuwarten, um sich mit ihm zu beschäftigen. Sein ganzes Verhalten ist geprägt von seinem Kommunikationsproblem.

Während der Pause kann er sich nicht auf eine bestimmte Aktivität konzentrieren. Er geht ohne bestimmte Richtung umher. Beim Ballspiel zögert er, ob er treten oder den Ball werfen soll. Übrigens langweilen ihn die Spiele schnell, und die anderen Kinder haben sich angewöhnt, diesen ungeschickten Kameraden außen vor zu lassen. In der Klasse kennt er sehr wohl seinen Platz, aber jedesmal scheint er ihn zu suchen. Er setzt sich übrigens als letzter. Wenn er vom Lehrer zur Tafel gerufen wird, kommt er mit unsicherem Gang von weit her. Seine Kameraden warten begierig, daß er zwischen den Reihen stolpert. Er klettert auf das Podium, und dort findet sich sein Körper mühsam zurecht. Er zögert vor dem

Raum, der ihm zur Verfügung steht. Wenn man ihm die Kreide reicht, ergreift er sie mit der linken Hand oder unentschlossen mal links mal rechts. Die Hand ist verkrampft, und manchmal ist es ihm nicht möglich, zu schreiben. Auch vor der leeren Heftseite ergreift ihn Panik.

Die allgemeine Ungeschicklichkeit verrät ein Ungleichgewicht des Nervensystems. Ein Teil des inneren Ohres (der Vorhof) erweist sich als unfähig, die Rolle der Bewegungskoordination zu übernehmen. Dieses Nichtfunktionieren berührt die Feinmotorik, und der kleine Legastheniker hat Schwierigkeiten, einen Bleistift richtig zu halten und ein Blatt Papier gut vor sich zurechtzulegen. Die Schrift ist ungenau, zu zaghaft oder zu stark aufgedrückt. Es klafft ein großer Unterschied zwischen Gesten des täglichen Lebens und so einfachen wie Lesen, Schreiben, Zählen. Ein verlorenes Fußballspiel ist nicht tragisch. Eine chronische Ungeschicklichkeit im Schreiben verschließt dem Kind die Pforten des Wissens.

Wenn es vom Lehrer gefragt wird, scheint sein Körper durch und durch bewegt. Der Blick schweift ab, und wie ein richtiger Teufel bewegt das Kind die Arme, reibt sich die Hände, gibt manchmal heftige Tritte unter der Bank. Seine ganze Energie verteilt sich in unkontrolliertem Gezappel. Spitzt es immer dasselbe Ohr, wenn man zu ihm spricht? Wenn es mal das eine, mal das andere spitzt, wenn es rechts und links verwechselt, wie ein im Wind flatterndes Segel, sieht man es ohne genaue Hörrichtung treiben. Es ist unaufmerksam, lebt auf dem „Mond“, denn die Informationen kommen langsamer in sein Gehirn und verlieren die klare Definition. Man muß ihm die Fragen oft wiederholen. Es hat nicht wirklich gehört. Hat es überhaupt zugehört? Zwischen den beiden Funktionen des Ohres gibt es Grad- und Qualitätsunterschiede, die dem Übergang eines passiven Aktes in den bewußten entsprechen.

Hört ihn sprechen. Seine Stimme, die sein mangelndes Hören verrät, treibt auch, ohne einer Richtung zu folgen. Düster, dumpf, manchmal ernst, wenig moduliert, fehlt es ihr an Harmonie und Leben. Das ideale Terrain für Murmler. Mit einer solchen Unterstützung zeigt sich die Sprache als armselig. Ihr Rhythmus ist langsam und manchmal abgehackt.

Das Studium von Stimme und Sprechweise eines Kindes gibt dem Pädagogen wertvolle Hinweise auf seine Art, die Welt zu erfassen, was die Hörmöglichkeiten anbetrifft. Gewisse Schwierigkeiten des Sprechens (Lispeln, Vertauschen von bestimmten Lauten wie „k“ und „g“, „p“ und „b“, „t“ und „d“) zeigen dem Lehrer Hörverzerrungen an.

Wie für den übrigen Körper, gibt es für die Stimme eine Lateralität. Gemäß der Richtung ihres Flusses mobilisiert sie den entsprechenden Teil des Gesichts vom Unterkiefer bis zur Augenbraue. Die gerade in Erinnerung gebrachte ist typisch für den Linkshänder. Mit etwas Übung erkennt das Ohr des Pädagogen sie leicht. Die Stimme des Kindes kann also für den Lehrer das deutlichste Zeichen einer tiefen Legasthenie sein oder aber eines gut integrierten Spracherwerbs.

Ein kleiner Test kann den Lehrern helfen. Indem man die rechte oder linke Seite des Mundes (nur leicht) kneift und dabei das Kind auffordert, weiterzusprechen, findet man sofort die Lateralität seiner Rede. Wenn die Stimme bei ihrer „spontanen Passage“ blockiert wird, sinkt sie sofort, die Wörter kommen mit Schwierigkeit und die Artikulation wird mühsam.

Fassen wir zusammen: Ein Kind, das das Ohr nicht spitzt, das Probleme hat beim Koordinieren von Bewegungen, das „von links“ spricht und das seine Energie nutzlos verschwendet, braucht besondere Hilfe, denn früher oder später wird es zum Schulversagen kommen. Gruppiert oder einzeln, die Zeichen die wir beschrieben haben, sind Hilferufe, die uns ein Kind in Schwierigkeiten schickt.

Aber ein Legastheniker ist nicht ein krankes Kind. Es gibt keinen Grund, es sofort zu einem „Psy“ zu schicken, um es umzuerziehen und wer weiß was für eine Theorie aufzustellen, ausgehend von einer Analyse seines strikt familiären Milieus. Das Kind braucht eine gewisse Zeit besonderer Aufmerksamkeit und Erziehung, die aus einer rein pädagogischen Rolle hervorgeht.

Legasthenie hat nichts mit Intelligenz zu tun

Gibt es einen Zusammenhang zwischen Intelligenz und Schulerfolg? Diese dumme Frage verdiente nicht, gestellt zu werden, wenn man nicht mit äußerster Vehemenz gegen eine schreckliche Idee protestieren müßte, die der Verweigerung des Lebensrechts für einen Teil der Menschheit gleichkommt, indem sie den Anspruch auf Intelligenz begrenzt. Ungleichheit existiert, aber wir haben alle ein gleiches Gehirn aus fünfzehn Milliarden Zellen. Kein Baby kommt mit „schlechten" Zellen ausgestattet auf die Welt.

Vor dem Leben gibt es weder Erste noch Letzte, aber diese Freiheit erlaubt jedem, seine Fähigkeiten auf seine Weise zu nutzen. Intelligenz bedeutet auch nicht Konkurrenzstreben. Im Namen einer „höheren" Gleichmacherei sehen sich die Kinder gezwungen, die besten Resultate im selben Moment zu erlangen. Dieser Zwang hat in einem Zug die unvermeidlichen Zeiten des Verborgenen ausgelöscht und die natürlichen Verzögerungen und die Frühreife. Ein Kind kann sehr schnell starten, mit etwa 11 Jahren erlahmen und einige Jahre später wieder aufwachen. Einige starten verzögert, bremsen und fangen sich später. Die schlimmsten Schulfaulenzer können sich im Leben wieder berappeln, auch außerhalb jedes Erziehungssystems. Wer kann einigen die Chancen ebnen und einigen versagen?

Intelligenz ist laut Definition „die am allgemeinsten verteilte Sache", weil sie uns dient, in Kontakt zu treten, mit den anderen zu kommunizieren. Das Wort kommt aus dem Lateinischen – inter legere – bedeutet „teilen", „verteilen". Intelligenz ist also nicht eine Kriegsbeute, um die man eifersüchtig streitet, auch keine Medaille, die sich mit übermenschlichen Anstrengungen erringen ließe. Intelligenz ist die Fähigkeit, die uns zurückkehren läßt ins Innere der menschlichen Beziehungen und uns hilft, sie zu entziffern. Für alle Kinder funktioniert sie in derselben Art. Sie ist die wahre Norm. Ein Kind intelligent machen, es erziehen, heißt, es in einer natürlichen Bewegung begleiten, nämlich der, die es zum Kommunizieren führt und dazu, die Welt zu entdecken. Der kleine Legastheniker hat diesen natürlichen Verlauf umgekehrt in ein Leben ohne Ausgang.

Ein Kind ist nicht Schulversager, weil es ohne Intelligenz ist. Wie ein Motor auf vollen Touren versucht, die Räder eines im Sand steckenden Wagens zu befreien, arbeiten seine grauen Zellen tüchtig, aber ins Leere. Es ist geduldig mit Korrekturen und Kompensationen beschäftigt, seinem Versuch, eine undurchsichtige und verschlossene Welt zu verstehen. Es interpretiert das Wort, das es nicht lesen kann, indem es sich auf den Kontext stützt. Den Satz, den es schlecht gehört hat, bemüht es sich, mit den komplexesten Mitteln zu dekodieren. Man kann sich nicht vorstellen, mit welcher Phantasie es Schätze entfaltet, um mit allen Situationen fertig zu werden. Sein Bestand an Tricks jeder Art ist unerschöpflich. Die Schule ist für das Kind ein wirkliches Kopfzerbrechen. Von einer Klasse zur anderen (wenn es Glück hat und nicht sitzenbleibt) werden die Kenntnisse immer komplexer, das Korrektursystem immer ausgeklügelter und immer schwerer zu handhaben. Wie mnemotechnische Stützen, die wegen ihres Raffinements schließlich die Aufgabe des Gedächtnisses verkomplizieren.

Eine Scherzgeschichte faßt die Situation des kleinen Legasthenikers in der Klasse gut zusammen. Eines Tages bittet ein Vater, am Unterricht seines Kindes, das sich beklagt, ständig vom Lehrer geärgert zu werden, teilnehmen zu dürfen. Es wird genehmigt. Der Erwachsene setzt sich neben seinen Sohn. Der Unterricht beginnt. Nach einiger Zeit, nachdem der Lehrer andere Schüler gefragt hat, wendet er sich an den kleinen Meckerer und fragt: „Wieviel ist zwei und zwei?" Dieser, begeistert, dreht sich zu seinem Vater um und ruft: „Siehst du, Papa, er fängt schon wieder an!"

Für einen kleinen Legastheniker ist alles schwer zu verstehen. Seine Bemühungen (und meistens geizt er damit nicht) werden nie von Erfolg gekrönt. Wenn seine Kameraden gut lesen, stolpert er noch immer über die Wörter. Er erlebt dieses Versagen als tiefe Ungerechtigkeit. Er hat recht. Er entdeckt eine wahre Ungleichheit, die die Chancen des Kindes nach dem Sprechen einteilt. Wenn ihm niemand zu Hilfe kommt, wird er aufgeben, enttäuscht und angewidert. Am Ende der Schulzeit entmutigt, wird er den schon großen Prozentsatz der Analphabeten erhöhen, galoppierende Krankheit des modernen Unterrichts.

Denn, um es ungeschminkt zu sagen, wer den Eingang in den kleinen Irrgarten des Lesens und Schreibens versäumt, wird vom sozialen Kreislauf ausgeschlossen. Man stelle sich ein Symphonieorchester vor, das aus Musikern besteht, die keine Noten lesen können, aus Geigern, die man zwingt, Trompete zu spielen. Das ist das Klangbild der heutigen Schule: eine schöne Kakophonie. Die Noten (die geschriebene Seite) sind die Grundlage der Integration der Kenntnisse. Das Entdecken eines für das Kind passenden Instruments muß die höchste Aufgabe der Schule sein: ihm zu helfen, seine Berufung zu finden und den Weg seiner Zukunft einzuschlagen. Dieser Vergleich ist nicht von ungefähr. Musik (wir sprechen davon in einem anderen Kapitel dieses Buches) ist die Quelle der Unterweisung. Ich hatte Gelegenheit, Sänger, Musiker jeder Art zu behandeln. Das Ohr eines Pianisten ist nicht das eines Klarinettisten. Jeder hat sein „Gehör", eine ihm eigene Art, Zwiesprache zu halten mit seinem Instrument und mit dem Publikum zu kommunizieren. Setzt sie in ein Quartett oder Septett oder größeres Orchester, sie werden ein sehr harmonisches Ensemble bilden.

Das Kind richtig in der Klasse plazieren können

Viele Lehrer lassen angesichts dieser „dissonanten Kinder" die Arme sinken und sagen sich, daß sie nicht verantwortlich sind für die tiefen Gründe des Schulversagens. Das ist zum Teil wahr. Die zugrunde liegenden Blockaden liegen oft vor der Einschulung. Lehrer denken auch, daß die Schule nie die Familienprobleme, die die Schwierigkeiten dieser Schüler nähren, lösen kann. Wir alle sind Lebewesen behandelt nach dem Mythos Papa/Mama. Ein Vater, der uns in die Zukunft treibt, eine Mutter, die uns an die Vergangenheit erinnert. Das ist unser gemeinsames Los. Aber die Schule ist auch ein wichtiger Ort der Befreiung, und gut ausgebildete Pädagogen sind für ein Kind mit Schwierigkeiten eine wertvolle Hilfe. Die „benachteiligten" Schüler sind meist schlecht lateralisiert und haben Hörschwierigkeiten. Sie erfordern daher zusätzliche Aufmerksamkeit und müssen besonders vor dem Lehrer plaziert werden, nämlich zu seiner Linken, damit ihnen geholfen wird, die dynamische Funktion ihres rechten Ohres wiederzufinden. Dadurch wird ein besseres Verständnis begünstigt. Die Schule ist für sie ein Leidensweg, denn sie haben dort vor allem gelernt, durch Demütigung, eine Verweigerungshaltung einzunehmen. Automatisch gesellen sie sich zu den letzten in der Klasse, hinten, wo die Informationen wegen der Entfernung mit noch mehr Schwierigkeiten zu ihnen kommen. Sie werden noch gehemmter, noch verweigernder und noch linkischer.

Wenn ein Kind seine Lateralität entdeckt hat, geht in ihm eine wahre Metamorphose vor. Die natürliche Bewegung des Körpers ist, sich zur Rechten zu neigen. Aber wenn es schon die Linke beherrscht, sind die Erfolge spürbar. Plötzlich ist es aufgeweckt und aufmerksam. Es findet den Gebrauch eines Teils seiner Lernmechanismen wieder.

Die wahren Fragen sind neurologischer Art

Der kleine Legastheniker bringt den Lehrer dazu, sich neuartige Fragen zu stellen. Paradoxerweise führen sie zu einem besseren Verständnis der Schüler ohne Handikap.

Wie gelangt eine Information in das Gehirn, und wie wird sie wieder formuliert? Warum bleibt der Buchstabe für einige ein unentzifferbares Zeichen? Welchen Zusammenhang gibt es zwischen Hören und Gedächtnis beim Lesen und Schreiben? Wie ist zu erklären, daß die Sprache (aus Lauten gemacht) sich eines Tages in Spuren auf dem Papier verwandelt hat? Welche Erklärung soll man einem Kind für seine mündlichen oder schriftlichen Sprachschwierigkeiten geben? Oder seine Unfähigkeit, Zahlen in die richtige Ordnung zu bringen? Wir treten nicht aus der Domäne der Schule, um die der Neurologie oder Tiefenpsychologie zu betreten. Wir entdecken, was eine wahrhaft moderne und kindgemäße Pädagogik einsetzen sollte.

12.

Rückzug in einTraumland

Sage mir, wen du hörst, ich sage dir, wer du bist

Seit vielen Jahren kommen verzweifelte Eltern wegen der Schulschwierigkeiten ihrer Kinder in meine Sprechstunde. „Er ist Legastheniker“, sagen sie mit einem Sammelbegriff, der gelehrt ist, aber für sie ohne Sinn. Unter diesem Begriff sammeln die Spezialisten ohne Unterschied Schwierigkeiten beim Lesen, Schreiben, Rechtschreiben, Rechnen, fügen aber hinzu Schwierigkeiten der Sprechweise und noch allgemeiner des Verhaltens.

Die Legasthenie beeinflußt das Kind zutiefst, denn sie ist auffällig und läßt nichts außer Reichweite. Ein Legastheniker „sieht“ die Welt auf seine Weise. Da er die Laute nicht richtig den Namen und Objekten zuordnen kann, benutzt er eine Sprache, die für ihn eine abgewertete Bedeutung hat. Er kommuniziert mit Affengeld. Eine Welt, die nicht richtig „verbalisiert“ ist, ist nur erdachte Montage, Schattentheater, das man nicht erfassen kann.

Das Kind hat seine Grundbehinderungen (schlechte Schrift, einfache Legasthenie), ernste Kommunikationsprobleme. Da es sich des Gelächters, das es auslöst, oder der wiederholten Mißerfolge bewußt ist, verliert es Vertrauen. Die Umgebung gibt auf, und allmählich bildet sich ein Graben. Das ist der Zirkelschluss, und die ganze Integration des Kindes in die Welt steht auf dem Spiel.

Ein Kind, das in gute Bedingungen hineingeboren wird mit dem Wunsch, zu kommunizieren, läßt sich vom Leben mitreißen und lernt, ein soziales Wesen zu werden, Stufe um Stufe in einem langen Weg, der den Säugling zu einem Individuum und später zur Persönlichkeit macht. Aber vor einer Welt, die als zu aggressiv, zu dissonant beurteilt wird, oder in einer Familienumgebung, in der man sich nicht „versteht", hat das Kind nur eine Möglichkeit, sein Entsetzen zu äußern. Es bricht die Kommunikationsbrücke ab und zeigt so die Weigerung, weiter einer als zu feindselig empfundenen Welt zuzuhören.

Zwischen völliger Taubheit und dem Bilden von verzerrten Zonen gibt es Nuancen. Sie bringen besondere Verhaltens- und Lernstörungen mit sich. Das Ohr ist eine wichtige Waffe, defensiv und abratend. Als Ursprung von Blockaden kann es, wenn man es richtig anpackt, die Quelle aller Therapie werden.

Der schlimmste Taube

„Es gibt keinen schlimmeren Tauben als den,
der nicht hören will."
(Sprichwort)

„Er hat keine organische Verletzung des Ohres, aber er hört nicht." Das von seiner Mutter gebrachte Kind wird als taub betrachtet, aber kein Hals-Nasen-Ohren-Arzt hat ihm helfen können. In solchen Fällen bin ich oft der Spezialist der letzten Chance. So sehr scheint das Phänomen den Grundregeln der Fakultät und Logik zu entgleiten.

Der kleine Junge wurde in einen Haushalt mit großen Schwierigkeiten hineingeboren. Vom ersten Tag an hat er in einer zu kleinen Wohnung heftige Szenen zwischen seinen Eltern miterlebt. Der Vater kam betrunken nach Hause und verbreitete dort wahren Schrecken, der manchmal mit Schlägen endete. Die Mutter konnte sich schließlich wehren, aber das

Baby? Nun, um diesen schrecklichen Lärm nicht erdulden zu müssen, flüchtete es sich in die Lage des Vogel Strauß. Ohren zustopfen, um den ganzen Lärm nicht zu hören und dieser unerträglichen Quelle der Angst zu entgehen. Die Mutter, überzeugt, daß ihr Sohn taub von Geburt ist, zeigt mir „flache“ Audiogramme, aber ohne irgend eine organische Verletzung, die diese erklären könnte. Bei meinem Hörtest zeigt das Kind eine totale Trennung zwischen seinem Ohr und dem Gehirn, das bei den vorgeschlagenen Hörversuchen ohne Reaktion bleibt. Nach einigen Wochen der Hörstimulierung in meiner Praxis erkennt es die Stimme seiner Mutter und beginnt, den Kopf zu drehen, wenn es irgendein Geräusch bemerkt. Inzwischen hat sich der Vater glücklicherweise aus dem Staube gemacht.

Solche Kinder sind leider zahlreicher, als man denkt. Aber ihr Schicksal vermischt sich mit dem der „Autisten“, doch ist bei ihnen die Kommunikation nicht ganz abgebrochen. Sie läuft über außerlinguistische Wege, mehr oder weniger leicht aufzuspüren. Deshalb können wir diese Kinder übrigens schnell herausholen, zur großen Verwunderung der HNO-Ärzte, für die das Ohr oft nur dazu da ist, um Entzündungen auszulösen, ohne daß sie sehen, daß diese Krankheit, wenn sie sich wiederholt, eine wichtige psychosomatische Dimension hat. „Wiederholte Ohrenentzündung“ zeigt nicht nur eine Reihe von Infektionen an, die mit Antibiotika oder Parasynthesen bekämpft werden können, sondern, da sie Kommunikationsschwierigkeiten mit sich bringt, zeigt sie einen „Willen“, den Kontakt zu unterdrücken, indem sie den Hörempfänger vom Verkehr ausschließt. Das Kind findet in dieser Somatisation ein Mittel, seinen Hörwunsch zu unterdrücken.

Verschließen gegenüber der Trennmöglichkeit

Zwischen dem „schlimmsten Tauben“ und dem Kind, das sein Hörspektrum richtig entfaltet, gibt es so viele Nuancen wie Arten, zu leben.

Einige Kinder haben zwischen der Welt und sich einen Vorhang gezogen, der Licht durchläßt, aber die Dinge in vage, nicht definierte Formen verwandelt oder in entstellte Bilder. Das Ohr besitzt eine analoge Fähigkeit und eine ebenso trennende Kraft. Die Laute unterscheiden sich nach Intensität, Frequenz und deren relativem Wert. Das Hören besitzt einen ausgeprägten Sinn für die Richtung, und durch Lokalisierung der Klänge hilft es dem Kind, die Richtung zu finden und sich im Raum zu orientieren. Ein Ohr, das einer solchen Selektivität verschlossen ist und die Spitze seiner Mechanismen abgestumpft hat, empfängt von der Sprache nur ein Durcheinander mit fließender ungenauer Bedeutung.

Wenn man vor einem Fenster eine durchsichtige Wand aufstellt, wird die Sicht eingeschränkt, die Gegend abgetrennt und amputiert. So erleiden Astigmatiker regelrechte „weiße" Zonen in ihrer Sicht. Genauso stoßen sich manche Phoneme in einer verdrehten Kommunikation an hartnäckigen Widerständen, und ihre Rezeption wird vom Hören ausgeschlossen und schafft um sie herum Zonen der Deformation. Das Klanguniversum, das gewissen Frequenzen gegenüber verschlossen ist, besteht nur aus Lücken und Höckern; aus Wunden und Höckern, müßte ich sagen. Alle diese Verschließungen, angehäuft von einem Kind mit Schwierigkeiten, wirken sich direkt auf seine Schulleistungen und sein Verhalten aus. Die Lernmechanismen greifen bei einer so verdrehten Kommunikation nicht, und so entstehen Bataillone von besonders geprägten Legasthenikern.

Pierrot, der Träumer

Alle Schüler haben Augenblicke der Unaufmerksamkeit, aber plötzlich vom Lehrer befragt, sind sie oft in der Lage, die letzten Sätze des Unterrichts mechanisch zu wiederholen. Selbst wenn sie nicht aufmerksam zugehört haben, haben sie gehört, und ihr Ohr hat wie ein Tonbandgerät funktioniert.

Der Träumer ist Teil der Geschichten aller unserer Schulerinnerungen. Ob hinten in der Klasse oder am Rande des Pausenhofs, nichts scheint ihn aus seiner tiefen Träumerei zu holen. Lehrer und Kameraden haben sich angewöhnt, zu ihm mit erhobener Stimme zu sprechen oder ihm auf die Schulter zu klopfen. Diese Kinder sind die schwarzen Schafe des Lehrers und der Grund für das Gelächter der Klasse. Aus ihrer Dumpfheit gerissen, haben sie so unpassende Antworten oder Reaktionen, daß sich die Klasse vor Lachen biegt. Manchmal machen sie den Eindruck, als stünden sie unter Hypnose oder seien von einer inneren Welt gefangen.

Zwei ganz unterschiedliche Hörfähigkeiten versetzen uns in die Lage, die äußere Welt zu hören. Im Hörtest werden sie dargestellt durch zwei sich ergänzende Kurven: die Luftleitung und die Knochenleitung. In der ersten funktionieren die äußeren Ohren wie Hörer, in der zweiten sind wir empfänglich für Resonanz und innere Vibration.

Die Hörfähigkeit über die Luft öffnet dem Menschen die Fähigkeit zur Kommunikation. Aber sie beherrscht noch nicht die innere Vibration, die es erlaubt, die eigene Stimme zu kontrollieren und durch Resonanz die Stärke des Eindringens einer Nachricht in den ganzen Körper zu messen. Beim Sprechen hören wir uns dank der Stimulierung der Knochenleitung, die das innere Ohr attackiert wie ein Vibrator. Die Nachricht, die wir mitteilen, unterliegt einer doppelten Kontrolle: Je nach innerer oder äußerer Aufnahme bewirkt sie eine kybernetische Schleife, die Quelle der Kommunikation ist. Die Knochenkurve ist die Kontrolle dessen, was man selbst aufnehmen soll, die Luftkurve dessen, was man dem anderen sagt, und beide Wege haben als Kontrollsitz das innere Ohr, das den Schlüssel für diese innere Schleife gibt.

Umgekehrt zeigen einige Fälle eine erheblich abgeschwächte Knochenleitung, die die Person aller Kontrolle über seine Rede beraubt. Diese verändert sich zu dem Redesalat, den wir in Form der Karikatur bei den „Deliranten“ antreffen. Das Kind spricht, um zu sprechen, wie ein Kind, das in der Nacht Lärm macht, um seine Angst zu vertreiben.

Nach einer Reihe von besonders schweren Ohrentzündungen oder aus psychologischen Gründen kann ein Kind seine Hörkurve umkehren und eine Position einnehmen, die es auf seine innere Vibration festlegt. Der Dialog hört auf, der Kontakt ist abgebrochen, das Hören nimmt sich selbst als Zielscheibe wie in einem Spiegel. Immer beängstigt durch seine Phantasmen, klinkt das Kind auf Dauer seine Aufmerksamkeit aus. Es ist nicht bei der Sache. Diese Umkehr variiert, aber sie kann enorme Ausmaße annehmen. Mir sind Kinder begegnet, deren Knochenkurve hundertmal über der ihrer Kameraden lag. Das äußere Hören verliert in diesen extremen Fällen bis zu 35 dB. Es ist fast völlige Taubheit.

Diese Haltung beeinflußt auch die Selektivität der Töne. Eine Umkehr der Wahrnehmung von Höhen bringt das Kind zu Träumereien, die auf die Konstruktion einer reichen komplexen inneren Welt gerichtet sind. Dann sagt man: „Es hat viel Phantasie.“ Aber da die Kommunikation mit den anderen abgebrochen ist, können diese aufkeimenden Künstler uns schwer ihre Gedanken mitteilen. Eine Fixierung auf ein Tonband außerhalb dem der Sprache mindert die Macht der Kommunikation und bringt das Kind zu ganz anderen Beschäftigungen.

Jacky, das Nervenbündel

Wenn unser sanfter Träumer sich in ein Murmeltier verwandelt, so ist das anders bei einer weiteren typischen Figur in der Klasse, dem Zappelphilipp. Unmöglich, ihn auf dem Platz zu halten. Er zappelt, dreht sich zu den Kameraden um, er kann sich nicht auf eine Übung konzentrieren und liebt es, zu lärmen. Ein richtiges „Nervenbündel“. Verträglich ist dieser Schüler, immer bereit dem Lehrer zu antworten, sein Finger geht schnell hoch, wenn eine Frage schnell gestellt wird. Oh weh! Wenn er anfängt zu sprechen, kommen die Sätze schlecht artikuliert, überstürzt, in einem unverständlichen Durcheinander und ohne jede Logik. Das Kind merkt es, leidet, aber es macht so weiter mit neuer Ungeschicklichkeit. Von den ersten Worten des Diktates an geben sich die Fehler ein Stelldichein, Rechtschreibung, Wortstellung, Schönschrift, nichts widersteht. Bei dieser Übung kommt das Kind nie sehr weit. Die einfachste Aktivität, wenn sie ein Mindestmaß an Aufmerksamkeit erfordert, bedeutet für es ein unüberwindliches Hindernis, so wie einen Berg zu versetzen.

Diese Kinder, sagt man, „halten nie still". Sie halten auch nicht Abstand. Der Sumpf, in dem sie sind, enthüllt ihre Unfähigkeit, Ziele zu fixieren. Ihnen fehlt Orientierung und Organisationssinn. Die Sprache, die eine strukturierte und dirigierte Maschine ist, verrät sie sofort. Aber gebt ihnen Pfeil und Bogen, mit unsicherem Schuß werden sie auch jedes Mal das Ziel verfehlen.

Ihr Körper verrät auch diese räumlich-zeitliche Schwierigkeit, diese chaotische Lateralität, die die Quelle ihres Handikaps ist. Vor ein Orchester gestellt sind sie armselige Schwärmer, unfähig, eine Note einem Instrument zuzuordnen. Sie hören zur Flöte hin, wenn sie glauben, die Oboe zu hören. Die Ohren unterscheiden kaum zwischen Tiefen und Höhen. Dieses Handikap wird gefährlich, wenn es sich darum dreht, eine Straße zu überqueren. Von welcher Seite kommt das Auto, dessen Dröhnen man hört? Wie ein desorientierter Radar erhalten sie von der Welt Signale, die nicht zu lokalisieren sind. Wie können sie richtig reagieren? Wie kann man sie anpacken und verstehen?

Leon, der Stotterer

Er belustigt oder nervt, wird verhätschelt oder bemitleidet. Der Erfolg des Stotterers ist immer sicher. Seine chaotische Rede erfordert verstärkte Aufmerksamkeit, und er liebt es, wenn man sich mit ihm beschäftigt. Pierrot, der Träumer, zögert vor einer Welt ohne Lateralität, und er nimmt schließlich wohl oder übel eine vage Richtung. Das schafft Leon, der Stotterer, nicht. Er macht keinen Unterschied zwischen rechts und links. Seine so typische Rede ist das Abbild seines Hörens. Seine Ohren treten sich gegenseitig „auf die Füße“. Sie scheinen zu konkurrieren. Keines ergreift dieses Kommando des Hörens, das der Rede erlaubt, Zusammenhang, Rhythmus und Flüssigkeit zu finden. Seine Stimme stürzt wie ein junger tobender Wasserfall. Jedes Wort ist wie ein Fels, ein Hindernis auf dem Weg. Die Lateralität legt sich fest zwischen 2 und 4 Jahren. Damit verläßt das Kind den Babyzustand und entdeckt, daß die Welt einen Sinn und eine Zukunft hat. Einige, wie der Stotterer, weigern sich, diese Etappe zu überschreiten und erwachsen zu werden. Paradoxerweise ist die Angst zu sterben in jungen Jahren stärker, als in erwachsenen Jahren.

Der Stotterer gibt einem mächtigen Meister nach, der in uns allen schlummert: dem Säugling, der uns jeden Tag einflüstert, blau zu machen, statt zur Arbeit zu gehen. Wir haben gelernt, ihn zu besänftigen. Der Stotterer, der der Sklave eines Tyrannen geworden ist, aber nicht. Es ist sehr schwer, ein Kind dieser Art zu erziehen, denn es hat in seinem Handikap phänomenale Kompensationen gefunden, indem es sich eine innere ewig junge Welt erbaut.

Die seelisch Schwachen

Jacky und Leon unterhalten immerhin Kontakt mit den anderen. Die Kommunikation läuft schlecht und recht. Aber einige Kinder haben alle Abschottungssysteme angehäuft. Ungeschickt schleppen sie ihren Körper wie etwas Lästiges, sagen stundenlang kein Wort und interessieren sich für nichts. Die Sätze des Lehrers, die einfachsten Worte zu Hause, ziehen mit zehntausend Lichtjahren an ihren Hirnen und Ohren vorbei. Sie sind ohne Reaktion. Ihre Hörkurve ist gesunken, fast ausgelöscht. Die Töne erreichen sie nur erstickt und durch tausend Verdrehungen. Man hielte sie für taub und stumm, wenn sie nicht manchmal vage Sätze hervorstießen mit dumpfer, düsterer Stimme ohne Harmonie. In der Schule betrachten die Lehrer sie resignierend als „hoffnungslose Kretins" oder „hartnäckige Faulenzer". Sie haben sie in der Klasse nach hinten gesetzt, wo sie alle Zeit haben, das Sitzenbleiben vorzubereiten und dann ihr Ausscheren aus dem normalen Schulsystem. Die befragten Ärzte ordnen sie als „leicht debil" ein und lassen den Eltern wenig Hoffnung. Und doch, mit etwas Aufmerksamkeit und Liebe bemerkt man an ihnen bei einem Blick, einer Geste, einem Satzbrocken ein leichtes Aufblitzen von Urteilskraft und Intelligenz. Sie senden SOS-Rufe, denn ihr Zustand hat nichts zu tun mit irgendeinem genetischen Makel. Sie sind „debil" geworden durch die Macht der Dinge, aber im Grunde sind sie hauptsächlich Opfer einer tiefen affektiven Blockade.

Die Erziehung eines solchen Kindes ist nicht leicht wegen des Umfeldes, das es für unverbesserlich hält. Es zeigt aber Zeichen des Fortschritts, die übrigens für „Rückfall" gehalten werden können. Indem es „aufwacht", findet das Kind zurück zu einem Verhalten, das nicht zu seinem wahren Alter paßt. Es beginnt den Weg noch einmal von der Stelle an, an der es gefallen ist. Wenn ein ganz Kleiner seiner Mutter einen Klaps gibt, beurteilt die Umgebung dieses aggressive Verhalten als eher sympathisches Zeichen eines Charakters, der sich formt. Wenn ein stämmiger Junge von zwölf Jahren sich so verhält, gilt diese Geste (sie kann gefährlich sein!) als unerhörter Angriff und Zeichen einer tiefen Bösartigkeit. Aber der Debile macht noch einmal den Weg des Säuglings durch, der er immer noch ist, mit den Launen, den Ungeschicklichkeiten, der kurvenreichen riskanten Entwicklung. Paradoxerweise macht er Fortschritte, indem er den Rückwärtsgang einlegt. Er erlangt wieder seine ersten Lernmechanismen, die er unterwegs aufgegeben hat. Die Familie zögert, ihm dabei zu folgen, denn auch sie hat den Eindruck, einige Jahre zurückzugehen. Aber wenn das Kind bei diesem Neubeginn nicht eine aufmerksame und verständnisvolle Umgebung findet, wird seine Entwicklung zusätzlich gehemmt, vielleicht für immer.

Das Kind wird dann seine Sprache ungeschickt und zögernd rekonstruieren. Die Entwicklung wird umgedreht, markiert durch Rückschritt, wie die Flut, die Zeit braucht und im Verlauf gehemmt wird durch Dünen oder Felsen. Aber wenn es „zeval“ anstatt „cheval“ sagt, ist es schon besser als „Dada“. In dieser Entwicklung steckt die Wiederherstellung einer Phonetik, für die die Eltern, die jetzt wieder Erzieher sind, sensibel sein müssen. Aber diese Entwicklung ist zerbrechlich, und das Kind ist wie eine Schnecke, die aus ihrem Haus hervorkommt, und es verschließt sich wieder bei der geringsten Aggression. Gut geleitet, korrigiert es selbst seine Mängel, organisiert seine neuen Kodierungen.

Je mehr seine Sprache sich ausbildet, umso reicher wird sein Vokabular und umso mehr öffnet sich sein Ohr wie ein Diaphragma. Es wird feiner, gewinnt an Wahrnehmung der Höhen, dehnt sein Spektrum auf eine größere Fläche aus, was die Basis für eine bessere Körperbeherrschung wird.

Begegnung mit drei anderen Typen

Der Murmler, der Taube, der Zappelphilipp bilden schon eine schöne Porträtgalerie (siehe S. 41). Diese Schüler sind die ersten Anwärter auf Schulmißerfolg, denn sie sind alle nicht richtig eingependelt, was Kommunikation und Hören betrifft. In der Klasse nicht in der Mehrheit, zeigen sie Probleme (wie auch Charakterzüge), die man übrigens in verschiedener Ausprägung bei einer großen Anzahl von Schülern wiederfinden kann.

Aber die anderen? Bilden sie eine privilegierte Gruppe mit austauschbaren Leistungen? Gibt es eine Goldmedaille der Kommunikation?

Bezogen auf das Ohr, wie auch beim Körperbau, entdecken wir drei Temperamentstypen. Im Reinzustand sind sie alle drei sehr ausgeprägt. Aber wir sind Mischungen mit dominierenden Zügen.

Physical body

„Gut in der Wehr", sagt man gewöhnlich von dem stämmigen Jungen, der immer guter Laune ist und seine Schulzeit ohne besondere Probleme packt. Er hat auch das „gute Ohr". Sein Hören, ohne Probleme offen für das ganze Klangspektrum, zeigt eine harmonische Kurve, die Tiefen und Höhen richtig vereint.

Mit allem einverstanden, sind diese Kinder jovial, lebhaft, immer guter Laune. Keine unfreundliche Bemerkung scheint sie zu erreichen. Sie sind manchmal ein wenig wirbelig, aber nur, weil sie ihre Lebensfreude zu laut äußern mit ihrer stabilen physischen Konstitution. Ihr Hören, offen auf dem ganzen körperlichen Spektrum, beherrscht das Nervensystem perfekt. Körperlich sind sie kräftig und robust. Sie haben keine Sprachprobleme oder besondere Persönlichkeitsschwierigkeiten, kurz, wir sehen sie nie bei der Beratung.

Der Raisonneur

Eine Hörkurve „kuppelförmig" mit Verlust der Tiefen und mittlerer Wahrnehmung der Höhen zeigt beim Kind einen vernunftbetonten Charakter und Widerspruchsgeist an. Dieser Knabe zeigt eine Neigung, sich in Logik zu verrennen, die oft an Verbohrtheit grenzt. Angezogen von exakten Wissenschaften, interessiert er sich für Mathematik oder Jura, er liebt sportliche Anstrengungen, und oft ist es ihm wichtig, eine gute Muskulatur aufzubauen. Sport zieht ihn an, denn dabei entwickelt er seine Liebe zum Wettstreit, und er findet dort seine Freude an festen Regeln. Der Raisonneur liebt den Zufall nicht und vertraut wenig auf seine Intuition. Er hat in sich seine Neigung zur Kreativität versperrt, und sein Charakter macht ihn mißtrauisch, manchmal intolerant oder aggressiv gegenüber Phänomenen, die seiner Welt entgehen.

Emotion garantiert

Besonders für hohe Töne empfängliches Hören ist das Zeichen eines gefühlsbetonten Temperaments. Die hohen Frequenzen können sehr schnell vom Gehirn integriert werden. Schneller und zahlreicher als die Tiefen setzen sie das Nervensystem direkt in Aktion und lösen Gefühle von großem Reichtum aus. Dieser große Sensible mit der langgestreckten Silhouette hat außergewöhnliche Antennen, die ihn zum geborenen Psychologen machen. Für dieses Kind bedeutet alles etwas, aber ihm fehlt Humor. Wir sehen ihn oft in der Praxis, denn er ist zart und muß mehr als die anderen geschützt werden. In der Pause bleibt er oft allein, während seine Kameraden spielen. Er leidet nicht darunter, denn er hat Freude am Beobachten der anderen. Alles scheint ihm fad neben der Dynamik seines Innenlebens.

Freundschaft zwischen den drei Typen

Der „Bodytyp" spaziert in einer horizontalen Welt, der Raisonneur bewegt sich in Sphären des Intellekts, und der Gefühlsbetonte schwebt über der ganzen Welt. Jeder hat seine eigenen Grenzen, und absolut genommen kann jeder eine Pathologie entwickeln. Der Erste, wenn auf der Horizontalen blockiert, wird nicht weiter sehen als seine Nasenspitze. Der Zweite, hingerissen von seiner Vernunftmethode, wird nicht weiter als zwei plus zwei gleich vier rechnen. Der Dritte wird eine verhängnisvolle Neigung haben, den Realitätssinn zu verlieren oder abzugleiten in Esoterik.

Diese Charaktere haben nichts zu tun mit der reinen Intelligenz. Sie zeigen die Öffnung des Kindes für Kommunikation an und die Art, wie es seine Umgebung integriert. Die Lehrer finden dort eine Erklärung für freundschaftliche oder konfliktreiche Beziehungen, die sich unter den Schülern innerhalb und außerhalb der Schule bilden. Kinder wählen oft einen Jungen oder ein Mädchen von gegensätzlichem Temperament zum Freund. Ein unzertrennliches Trio besteht oft aus Harmonisierung zwischen dem „guten, dicken, Sympathischen“, dem „aufmerksamen Intellektuellen“ und dem „sanften Träumer“. Aber das Sprichwort: „Gleich und Gleich gesellt sich gern“ findet Bestätigung, sowie man zur Gruppe kommt. Auf gleicher Wellenlänge sendend, verschachteln sich die Hörkurven desselben Temperamentes wie russische Puppen. Wenn ihre Anzahl zu groß ist, haben die verschiedenen Charaktere es schwer, ihre Sympathieströme zusammenzubringen.

Kinder sind besonders sensibel für spontane und irrationale Verbindungen zwischen Menschen. Wenn wir älter werden, verlieren wir diese extralinguistische Kommunikationsmöglichkeit. Manchmal finden wir sie in originell anmutenden Situationen wieder. Wer zum Beispiel hat nicht schon einen intensiven Blick im Rücken gespürt, in der Metro oder im Café? Wir schauen uns sofort um und entdecken einen alten Freund, eine lange verlorene Beziehung, jemanden, der einen ganz besonderen Grund hatte, uns so heimlich zu betrachten. Wir sind bei solchen Erscheinungen verblüfft. Sie beweisen, daß das Horchen sich nicht auf das einfache Hören beschränkt. Diese besonderen Mobilantennen reizen unser gesamtes Nervensystem. Eines Tages werden wir sie vielleicht nutzen können.

13.

Spontanes Speichern in den grauen Zellen

Eltern schwindelt es oft bei der Menge der Arbeit, die die Schule fordert. Bei dem geringsten Problem zögern sie nicht, ein System anzuklagen, das die Kinder „zwingt, zu viel zu lernen und sie unnötig ermüdet“. Machen sie sich klar, daß der Embryo sich von der Zeugung an entwickelt, weil er „lernt“, zu reagieren und sich zu bewegen in einer zunächst begrenzten, aber seit der Geburt unbegrenzten Umwelt? Später läßt die erste richtige Wiedergabe eines Wortes vermuten, daß sein Gehirn und Ohr eine unwahrscheinliche Menge von Informationen (in Form von akustischen Parametern von Frequenzanalysen, aber auch von Körperhaltung etc.) „verdaut“ haben. Wissen sie, daß es mehr „Noten“ im Aussprechen eines einfachen Satzes gibt als in einer Symphonie von Beethoven?

Es käme niemandem in den Sinn, bei der physiologischen Entwicklung des Babys oder dem Spracherwerb von Überanstrengung zu sprechen. Und doch: diese „Grundmechanismen“ sind die „Vettern“ des Lernens, dem das Kind in der Schule ausgesetzt ist. Der Unterschied liegt im Automatismus der Integrationsprozesse bei den ersten und der bewußten Anstrengung, die von den zweiten gefordert wird.

Wenn der erste Eindruck vorbei ist, entgleiten die meisten unserer erworbenen Gesten (Gehen, Stehen, Laufen) dem Willen. Sie werden Teil des Nervensystems. Es gibt interne Übereinstimmungen der Zellen, die in einem analytischen und synthetischen Verlauf untereinander kommunizieren und die

Information im tiefsten Gehirn verwalten. Diese Information filtriert sich allmählich und erreicht nach und nach immer höheres Abstraktionsniveau. Diese „spontanen“ Speicherungen geschehen sowohl vor einem Buch, beim Fernsehen, bei Unterhaltung als auch dann, wenn man dem Lehrer zuhört. Daß sie von der Schule kommen (nicht von der Realität), schafft keinen Bruch zwischen dem Kind und dem Leben. Wenn es gut lernt, versteht es „bis in die Fingerspitzen“. Es verwandelt eine äußere Information in persönliche Automatismen, wenn nötig, wird es sie „identisch“ hervorholen (genaue Bedeutung des lateinischen „ad integrum“), aber bereichert durch eigene Filter und seine Persönlichkeit.

Was gibt es Rührenderes als die ersten ungeschickten Schritte eines Babys oder seine ersten Sprechversuche? Es hat in dieser Zeit Anspruch auf alle Aufmerksamkeit und Fürsorge. Wenn es ein großer „Tölpel“ geworden ist von zehn oder zwölf Jahren, der vor einem Diktat brütet oder vor einer Lautleseübung, verhält man sich ihm gegenüber anders. Bei der geringsten Schwierigkeit regen sich die Eltern auf, beschuldigen, klagen an, stoßen zurück, indem sie entdecken, daß sie nicht ein Kind haben, sondern einen „Legastheniker“. Der kleine Clown, der sich einen glatten Erfolg schuf, indem er das Gleichgewicht verlor, findet einige Jahre später analoge Schwierigkeiten angesichts einer Buchstabenfolge, die zu entziffern ist.

Mjam, mjam

Zwischen dem kleinen Jungen und der Welt gibt es einen langen Austauschversuch, Quelle des menschlichen Dramas. Das Kind spürt in sich ein Auseinanderklaffen zwischen seiner Lebensdynamik, die es vorwärts treibt, und dem Instrument, das es braucht, seinen Wunsch zu verwirklichen. Es ist gleichzeitig Regisseur und Schauspieler, Unternehmer und Arbeiter. Manchmal ist der Profit sehr klein, und der einzige Lohn sind Enttäuschungen und Frustrationen. Dieser Widerspruch, wenn er schlecht verarbeitet wird, wird zur Blockade, zum Verzögern und Zurückweichen.

Der Körper positioniert sich und bildet sich mit der Entdekkung der Umgebung. Mit seinen kleinen Händen ergreift das Baby in seinem Körbchen alles in seiner Reichweite. Es berührt die Gegenstände wie Teile seines Körpers, führt sie zum Munde, lutscht, versucht, sie hinunterzuschlucken. Dieser erste kannibalische Kontakt mit der Welt findet schnell seine Grenzen. Nie wird ein Bauch groß genug sein, um alles zu verschlingen!

Mit dem Auge erscheint die Welt in der räumlichen Definition und ihrer äußeren Dimension. Das Kind erfährt Umfang, Farbe, und seine kundigeren Hände lernen die Beurteilung von Gewicht und Konsistenz der Dinge. Aber der Blick unterstreicht die Entfernung und Fremdheit dieser Welt, wenn er sich auf den Raum öffnet. Die fernen Formen scheinen so groß, so erschreckend in den Augen eines ganz Kleinen. Wie kann man alle diese Dinge isolieren und sie dem anderen übermitteln?

Hallo, Mama, ich höre

Schon als Embryo spürte das Kind, wie an sein Ohr eine Vibration streichelte. Im Uterus brachten filtrierte Töne ihm Energie und eine Art von Informationsstrom, in dem es schwamm wie ein Fisch im Wasser. Das Ohr hat bei der Geburt die Art, Töne aufzunehmen, geändert, aber das Baby erkennt einige, besonders die aus dem Mund seiner Mutter.

Dann entdeckt es in sich eine Fähigkeit, die es erstaunt: die zu reproduzieren, was es hört. Nach und nach konstruiert es sich, mit Gegurre und ungeordnetem Fluß, Stück für Stück, ein Klang-Lego. Dieses Spiel gefällt ihm umso mehr, als es merkt, daß mit seinen ersten Versuchen sein ganzer Körper mit seiner Stimme vibriert und daß es um sich herum angenehme Reaktionen auslöst.

Durch das Ohr wird das Kind ein kleiner Herr der Welt. Wenn das Auge den Gegenstand zurückstößt, bemächtigt sich die Stimme seiner. Indem es ihn „benennt", kann es ihn zurückholen, wie es will. Das Kind hat bemerkt, daß es diese Welt, die es berührt und betrachtet hatte, indem es sie benennt, noch enger integrieren, sich in Erinnerung bringen und den anderen mitteilen konnte. Welche phantastische Macht! Das Wort markiert unsere Überlegenheit über alle Tiere des Planeten. Aber es ist nur der Effekt einer viel größeren Gabe: der des Gehörs.

Diese Öffnungsbewegung, dieser Elan zu den anderen, diese unersättliche Neugier, dieser tiefe Wunsch, zu berühren, sich anzueignen: kurz, dieser Durst nach Kommunikation ist beispiellos. Alle Kinder dieser Welt haben ihn und empfangen ihn als genetisches Erbe. Die „Maschine" kann gebremst werden, einige Wesen werden schlimm vom Leben benachteiligt, aber ein gemeinsamer Zug bleibt (wie eine Signatur oder ein Markenzeichen): Gegenüber der Welt zeigt sich der Mensch in der Lage und mit dem Wunsch zur Integration.

Wenn wir ein Tonbandgerät hätten, fähig zu den gleichen Leistungen wie das Gehirn, mit Integratoren, die in der Präzision unserem Sinnesapparat entsprächen, wäre niemand erstaunt, wenn zwei Modelle dieses „High-tech"-Produktes potentiell identische Resultate liefern. Hinter dieser These steht keinerlei mechanistische Auffassung des Menschen, auch kein Engelsblick auf sein Schicksal.

Der Säugling lernt zu gehen, indem er gegen die Schwerkraft kämpft und den Wunsch nach Vertikalität annimmt. Später merkt er, daß er durch die Sprache das Universum, das sich ihm zeigt, in sein Gehirn integriert. Vom „Infans" ist er fähig geworden, zu sprechen, indem er die anderen hört, indem er das Ohr spitzt und zwar das „richtige", wie das Sprichwort hinzufügt. Seit seiner Zeugung ist er in eine Dynamik von Funktionen eingetreten (praktisch einen Ökumenismus!), die ihn Schicht für Schicht mit Informationen überschüttet und ihn Fortschritte machen läßt.

Ein Kind mit gutem Ohr bringt den Laut, den es hört, „ad integrum“ wieder hervor. Das ist schon die Erwerbung eines sehr komplexen Mechanismus. Wenn das Kind Bleistift sagen will, „crayon“ (gesprochen krejon), und dem Gesprächspartner „draillon“ (gesprochen drejon) zuruft oder „graillon“ (gesprochen grejon), bringt diese Entstellung die Zuhörer vielleicht zum Lachen, wenn das Kind ganz klein ist, aber sie hat auch eine tiefe Bedeutung. Ein wiedergegebener Ton ist ein gehörter Ton, und sein Ohr zögert zwischen „cr“,“dr“ und „gr“. In den ersten Lebensjahren ist diese Art des Zögerns typisch, aber wenn es andauert, wird ein ganzer Teil der subtilen akustischen Kette gestört.

Das für eine bestimmte Frequenz „harthörige“ Kind empfängt die Nachrichten als schlecht verpacktes Tonpaket. Es zeigt eine Zeit des Anhaltens. Da es nicht ein Wort versteht, stützt es sich auf den Zusammenhang und arrangiert sich, wie es kann. Mit der Dekodierung verliert es ungeheuer viel Zeit. Wenn inzwischen eine andere Botschaft an es gerichtet wurde, verpaßt es sie und verliert so nach und nach den Faden der Unterhaltung. Die Kommunikation wird ein Rennen mit Hindernissen, die sich anhäufen, und das Kind, das hinter der Bedeutung der Welt hertrottet, ermüdet.

Mit einem kleinen Sandkorn im Ohr erfährt das Hören (Öffnung zur Welt) ein leichtes Hindernis und bringt schließlich den Hörer mit der Welt auseinander. Gutes Hören setzt Flüssigkeit im Senden und Empfangen von Botschaften voraus. Die Phoneme werden entschlüsselt und erkannt im Maße, wie sie ausgesprochen werden. Die Sprache wird im ganzen Körper inkrustiert, der, dem anderen zugeneigt, sie als seine erkennt, weil er sie schon integriert hat.

Das Auge ist Beiwerk neben dem Ohr. Wir haben das Ohr auf seinen äußeren Aspekt und auf seine Dimension des einfachen Hörens reduziert. Dabei ist es unser ältestes Sinnesorgan. In der Nacht des Uterus funktioniert es beim Fötus vom vierten Monat an, und in der Nacht der Zeiten führt seine Spur zweifellos zu den Anfängen des Lebens. Das Wesentliche seiner Aktivitäten liegt über Ohrmuschel und Trommelfell hinaus in seinem inneren Teil. Innen im Ohr sitzt ein kleines Ding mit verschlungener Form, genannt das Labyrinth. Es besteht aus zwei Elementen: Vorhof und Schnecke, jedes mit beachtlicher Aufgabe: untereinander alle Informationen, die der Körper braucht, zu bearbeiten (die Rolle des Vorhofs) und alle Tonbewegungen zu sammeln und zu dekodieren (die Rolle der Schnecke).

Der Vorhof: ein Radar

Jeder kennt die Bedeutung des Ohres für die Kontrolle des Gleichgewichts. Ohrenentzündungen und andere vorübergehende Störungen haben tiefe Wirkung auf die Motorik. Der Vorhof ist ein nach allen Seiten offener Radar, gesteuert von einem gewaltigen Computer. Gleichgewicht, aber auch Verlagerung, Koordinierung von Bewegungen gehen über ihn. Er beginnt einen Dialog zwischen Körper und Außenwelt, zwischen Organen, Muskeln, Eingeweiden und Gliedern. Empfindlich für die geringste Zellverschiebung, entgeht ihm nichts von den Haarspitzen bis zu den Zehenspitzen. Die tiefen Automatismen oder die neu aufzunehmenden Integrationen während einer Entwicklung laufen über ihn. In der langen und sehr alten Geschichte des Lebens ist dieser Apparat der Ahnherr unseres Nervensystems und sein archaischer Teil.

Die Schnecke: ein Dekoder

Der Vorhof hat einen guten Verbündeten in einem kleinen Burschen, spezialisiert auf die Analyse von ganz besonderen Bewegungen: den Tönen. Wenn das Trommelfell eine Resonanzmembran ist, so ist die Schnecke ein viel subtileres Teil, sensibel für die geringste akustische Vibration, besonders der Sprache. Als Anhang des Vorhofs, bringt sie ihm einen Schwall dekodierter Wellen, wie Wasser zur Mühle. Diese werden, nach Art ihrer Funktion, mit anderen Elementen des Körpers in Verbindung gebracht und lösen eine entsprechende Reaktion aus (oder auch nicht!).

Der Mantel

Das Vestibül stammt aus Kernen, die beauftragt waren, die Funktionen zu differenzieren. Allmählich ist so das großartigste unserer Organe entstanden: das Vorhofhirn. Spezialisten streiten noch über die Zahl dieser „Relaiskerne", es sollen vier, fünf oder sechs sein. Sie haben die Aufgabe, ausnahmslos alle Muskeln des Körpers zu berieseln. Dafür zirkuliert dann die Information durch die Nervenfasern, die den Vorhof über alles informiert halten, was sich ereignet, und er kann seine Rolle als Radar annehmen.

Diese langsame Evolution ist in Etappen vor sich gegangen. Die Neurologie lehrt, daß jeder Teil des Gehirns seine eigenen Aktivitäten hat. Der Vorhof findet seine direkte Projektion in dem ersten Teil des Kleinhirns. Der zweite Kern kontrolliert die Aktion, sammelt die Informationen, die verbunden sind mit ihrem guten Ablauf und etabliert die eventuellen Korrekturen. Die Operationen, die von ihm abhängen, haben eine Gesamtsicht über den Körper, denn die geringste Geste (so präzise und begrenzt sie auch sei) erfordert Harmonisierung oder Gegenreaktion der Person im Ganzen. Wenn ein Kind die Kreide nimmt, um an die Tafel zu schreiben, operiert sein Vorhof.

Die Schnecke ist das Schutzorgan des jüngsten Teils des Gehirns, des Mantels. Diese letzte Schicht bedeckt, wie der Name sagt, die vorab Genannten. Sie erlaubt den akustischen und sprachlichen Informationen, sich den tieferen Partien zu integrieren und so den gesamten Körper zu berieseln. Der Mantel integriert die Sprache dem Rest des Körpers, den er ständig „sonorisiert".

Von rechts oder von links?

Das Gehirn hat sich im Laufe seiner Geschichte in zwei Hälften geteilt, in eine rechte und eine linke. Neurologische Untersuchungen heben zwischen ihnen, anatomisch gesehen, nur minimale Unterschiede hervor. Dagegen haben sie sich, funktional gesehen, nach und nach getrennt. Jede ist Sitz von mal rechts, mal links präzisen Funktionen geworden, ohne jede Möglichkeit der Umkehrung. So werden die motorischen Operationen der Sprache über das linke Gehirn durchgeführt, das die Aktivitäten des Sprechens kontrolliert.

Es gibt also einen natürlichen Weg, um das Gehirn „anzugreifen" und ein Optimum an Funktionsergebnis zu erhalten (das der Sprache zum Beispiel). Aber Irrtümer beim Weg sind häufig. Die Linkshänder zum Beispiel haben dem Pfeil, der die schnelle Richtung anzeigt, den Rücken gekehrt und eine Querstraße gewählt. Die Reaktion des Gehirns ist bei ihnen deutlich langsamer, selbst wenn sie oft ebenso tüchtige Ergebnisse erzielen wie Rechtshänder.

Einige bleiben eingeklemmt am Kreuzweg und zeigen sich unfähig, zu wählen zwischen rechts und links. Sie sind nicht lateralisiert. Das ist ein schreckliches Handikap. Das Nervensystem empfängt einen Tornado von widersprüchlichen Informationen, die es ohne Reaktion und Adaptationsmöglichkeit lassen. Ohne Lateralität kommt die Welt spiralförmig im Gehirn an, das unfähig ist zu lokalisieren, bis zu den elementarsten Wahrnehmungen.

Diese Kinder werden in der Klasse die hartnäckigsten Legastheniker. Einfache Lernmechanismen, wie Zeichnen, den Gegenstand richtig anfassen, haben nur Wind und Treibsand als Grundlage, und mit „schwankendem Fundament wird das Haus rissig".

Töne und Sprache werden in diesem allgemeinen Sturm gleichermaßen fortgetragen wie Spreu. Von der Schnecke schlecht erfaßt (kommen sie von rechts oder von links?), über den Körper schlecht verteilt, bringen sie unorganisierte Reaktionen in einem akustischen Durcheinander mit sich.

Doppelsprache

Mit dem Vorhofapparat sind wir schon in der Welt der Kommunikation und des Hörens, denn Sensibilität für Bewegung ist Dialog mit der Umwelt und Austausch des Körpers mit ihr. Nach und nach schafft das Kind sich kleine Automatismen, die sich integrieren und anhäufen in einem rein gestuellen Gedächtnis, das angeborene Mechanismen wiederfindet: Gleichgewicht, vertikaler Gang, Rede. Den Arm auszustrekken setzt voraus, daß ich diese Geste schon integriert habe und daß ich ein Empfinden erhalte, das mir die richtige Ausführung des Vorgangs bestätigt. Der Vorhof garantiert so eine kybernetische Schleife wie ein Computer. Die Informationen folgen einem Rundkurs, auf den sie geschickt werden, empfangen und kontrolliert, nachdem sie ihr Ziel erreicht haben.

Der Informatiker und sein Gerät, der Musiker und sein Instrument, die Sekretärin bei Bearbeitung des Textes transferieren ihren Körper ans Ende der Tasten ihres Apparats, der eine Funktion unter anderen geworden ist. Wie Monsieur Jourdain Prosa machte, ohne es zu wissen, realisieren wir täglich Extensionen der inneren Vorhoffunktion auf das Ohr. Wenn man Rechtschreibfehler macht, falsche Noten spielt, einen falschen Handgriff, sinnlos, dafür auf die Maschine zu schimpfen. Es ist die Beherrschung der Funktion, die Probleme macht. Die Botschaft kam nicht durch, weil sie nicht in den Körper inkorporiert und nicht durch Vermittlung des Vorhofs integriert wurde. Die Büros sind voller informatisierter Legastheniker.

Diese Harmonisierung baut so durch Fortschritte das „Bild des Körpers“. Konsequenz der Sprache, denn diese weckt fortschreitende Darstellung der sensorischen Flächen, die sie „besprengt“. Tatsächlich entgeht der Sprache nichts. Sie hat eine Paralleldynamik geschaffen, indem sie ein Wort legt über eine

Geste, eine Rede, über eine Haltung. Wenn der Körper eine Richtung nimmt, folgt die Sprache übereinstimmend. Die „Verbalisation“ ist eine weitere Geste zu dem „Sagen-Wollen“ des Körpers in seiner Integralität. Wir haben dieses sehr physische Begreifen der Sprache verloren, aber Kinder begreifen leicht dieses Eins-werden von Worten und Klängen. Sprache entdecken ist wie einen neuen Körperteil entdecken. Das Wort ist für sie ein weiteres Körperglied, beweglich wie das Bein oder der Arm, konkret und präzise wie die Hand. Sie sprechen oft davon wie „Schlagsahne, die vom Gesicht tropft und auf die Haut rinnt und überall Empfindungen auslöst“.

Der Klang begnügt sich nicht, am Trommelfell abzuprallen oder am Ohr hängen zu bleiben. Wenn es so wäre, wie erklärt es sich dann, daß einige so weit in unser Inneres dringen? Wenn wir bewegende Musik hören, „sträuben sich die Haare“, wir bekommen „Gänsehaut“. Ein Gesprächspartner, der durch seine Rede überrascht, wühlt das Innere auf. Seine Worte, wenn sie richtig klingen, „berühren“. Ein guter Sänger läßt den ganzen Körper vibrieren. Muß man erinnern an die Macht der Stimme beim Hypnotiseur und die Wirksamkeit von Mantren? Gewisse Schreie machen „erstarren“, andere „töten“ oder „lähmen“ wie der berühmte japanische „Kiai“. In der französischen Sprache wimmelt es von Ausdrücken, in denen die Verbindung von akustischer Welt (gesprochen, gespielt oder gesungen) und dem Körper offensichtlich ist. Die wenigen vorangehenden neurologischen Erklärungen erläutern auch dieses Phänomen. Der Klang, wenn er auf die Schnecke trifft, besprengt alle Schichten, die durch den Vorhof kontrolliert werden.

Gewisse Zonen sind wegen ihres Reichtums an Nervenenden besonders empfänglich für dieses Phänomen. So breitet sich der Wortfluß auf privilegierte Art aus auf Gesicht, Brust , Bauch, Handflächen, Innenseite der unteren Gliedmaßen oder Fußsohlen. Man wird bemerken, daß alle diese Partien der Sprache ausgesetzt sind wegen der Vertikalität des Körpers. Diese ist Hauptbeweis für die energetisierende Macht des Wortes. Das Ohr, Regulator des Gleichgewichts, ist der Motor dieses fortschreitenden Aufrichtens. Es stellt die Vertikalität sicher, um die Wirksamkeit seiner Hauptfunktion zu verstärken: das Hören.

In einer Unterhaltung hilft das Ohr (hauptsächlich das rechte), die Rede zu kontrollieren auf Wirksamkeit, Tongenauigkeit und Darbietung. Aber die Haut spielt auch ihre Rolle und besonders die der rechten Hand. Advokaten, Politiker (alle, die aus der Ausübung der Rede einen Beruf gemacht haben) werden traditionell mit dem rechten Arm, der sich vor dem Mund bewegt, dargestellt. Das Bild ist nicht erst von gestern. El Greco hat es gemalt in einem sehr schönen Bild vom Heiligen Paulus, der zur Menge spricht mit der Hand vor dem Mund. Neurologisch ist diese Erscheinung leicht zu erklären: Die Projektion der rechten Hand auf das Gehirn entspricht der Anregungszone der Sprache. Sagt man nicht von den Italienern, daß sie mit den Händen sprechen? Diese funktionieren als wahre Klanggeneratoren, als erste unserer Mikrophone. Leicht geschlossen, fünfzehn oder zwanzig Zentimeter vor dem Mund, gibt die Hand der Stimme mehr Präsenz und Kraft. Das ist ein hervorragender „Trick“, um Stotterern oder Personen mit Sprechschwierigkeiten zu helfen. Zwischen dem „führenden“ Ohr, der rechten Hand und dem Mund bildet sich so eine natürliche Schleife, die die totale Kontrolle der Aufnahme und Wiedergabe der Stimme organisiert.

Jede Art zu reden ist verbunden mit einer körperlichen Entsprechung. Wenn man mit der Hand wütend auf den Tisch haut, folgt die Rede und wird aggressiv. Wenn, während die Stimme die Heftigkeit beibehält, die rechte Hand sich in harmonischer wellenförmiger Bewegung vorstreckt, wird der Ton gedämpft und sinkt und findet wieder Ruhe. Eine Rede auf allen Vieren zu halten, ist lächerlich, aber in erster Linie unmöglich, denn in dieser Lage findet die Sprache nicht zu einer Haltung, die zu den Worten paßt.

Diese organische Verbindung zwischen Sprache und ihrer „Innervierung“ im Körper ist deutlich in gewissen, meist tragischen Grenzfällen. Ein Kind, das sich die rechte Hand gebrochen hat, zeigt sofort (besonders wenn es noch sehr jung ist) Sprechschwierigkeiten. Es verliert auch einige Stimmfrequenzen, kurzum seine Sprache wird auch eingegipst!

Erwachsene Opfer eines Unfalls, der sie vorübergehend des Gebrauchs des rechten Beines oder Arms beraubt, stellen fest, daß sie gewisse Ausdrucksmöglichkeiten verlieren. Die Stimme sinkt, Probleme beim Sprechen treten auf. Polioopfer oder von Geburt an Behinderte haben größere Schwierigkeiten, in die Sprache einzutreten als ihre gesunden Kameraden. Der Erwerb der Grundlernmechanismen ist auch langsamer.

Eine Amputation beraubt das Opfer nicht nur seiner Gliedmaßen, sie unterdrückt auch die Projektion auf das Gehirn und damit Wellenlängen, die Sprachzonen vertreten. Glücklicherweise kann das Nervensystem die zusammengebrochenen sprachlichen Felder wieder erwerben, indem es die Teile wieder erweckt, die unempfindlich geworden sind, und indem es dem Amputierten ein physisches Bild der beschädigten Systeme wiedergibt. Diese Wiedererziehung löst sogar körperliche Empfindungen aus, bekannt ist dieses Phänomen unter der Bezeichnung „Phantomgliedmaßen“.

Das Ohr sonorisiert den Körper. Tatsächlich hat jeder akustische Zug seine Resonanz und seinen Platz. Wenn der Vorhof ein Gyroskop ist, gepeitscht von Tausenden von Informationen, so ist die Schnecke ein Sextant, der dem Senden und Empfangen der Töne genaue Hörposition zuteilt und eine modulierte Reaktion. Man stelle sich das Durcheinander vor, wenn das nicht so wäre. Sänger und Chormitglieder kennen gut die konkrete Verbindung zwischen guter Vertikalität und korrekter Emission des Kehlkopfes. Sie erlaubt ihnen, ihren Körper als Hörinstrument zu benutzen.

Ein Traum ... supersonisch

Dringen nicht alle Töne in uns ein wie Kiai oder Mantra? Diese Frage macht nachdenklich und lädt mich ein, weiter mit meinen besonders aufmerksamen Lesern in die Neurologie zu tauchen.

Bevor der Ton in den Irrgarten des inneren Ohres eindringt, klopft er an eine andere Pforte: den pneumogastrischen Nerv, auch Vagus genannt. Er hat auf dem Niveau des Trommelfells eine Art Erhebung. Diese wichtige Nervenendung, an die der Ton trifft, ist dem Vagusnerven verbunden, der für sich fast das ganze parasympathische System darstellt. Er innerviert das Trommelfell, den unteren Teil des äußeren Hörleiters, das Mittelohr auf der Höhe des Steigbügelmuskels in seiner Sensibilität, die Pharynx, den Kehlkopf, die Eingeweide. Sein Name soll bedeuten, daß er parallel läuft mit dem sympathischen System, das die Gesamtheit unserer vegetativen Funktionen kommandiert. Sie gehen Hand in Hand oder sollten es tun.

Eines Tages hat sich der Parasympathicus seinem Nachbarn wegen zu starker Klangverschmutzung verschlossen, welche er wie einen Angriff und damit zweifellos als Störung in seinem System erlebt. Diese Trennung hat eine Brücke zwischen dem Ohr und unserem Innersten zerstört und so eine Zugangspforte zu unseren innersten Funktionen unterdrückt. Wenn wir über das Ohr den Gebrauch wiederfänden, hätten wir eine Sonde, die ins Herz unserer fernsten Zellen dringen kann. Nur ganz große Yogi erreichen das, aber um den Preis eines völlig der Askese geweihten Lebens! Wir hätten da die Grundlagen einer ganz neuen Heilkunde, die natürliche Erweiterung der Therapie durch Hören, die ich seit Jahren vorschlage.

Der Körper ist eingetaucht in eine Welt von Tönen, dauernd. Nötig für sein Überleben, bringt das akustische Bad Energie und Information. Man trenne einen Menschen von jeglichen Klangquellen: er wird verrückt. Die Wellenzüge sind integriert in Funktionen von tausend Parametern: Höhe, Stärke, Intensität. Jeder erreicht eine genaue Zone, ein Organ, ein Körperglied. Wir sind wie eine flackernde Fackel, ein hochsensibles Mikro.

Dadurch, daß der menschliche Körper in so viele Teile geteilt wurde wie es Spezialärzte gibt, haben wir seine tiefe Einheit aus den Augen verloren. Das Hören wurde reduziert auf einfache Resonanzeffekte auf dem Trommelfell, und das Nervensystem auf ein Verschlungensein von um sich selbst geschlungenen Strängen. Nun – Hören ist nicht Horchen, und unsere tiefen Reaktionen sind nicht zu verwechseln mit rein mechanischen Effekten. Das Nervensystem ist kommunizierend; es nimmt seine Informationen innen im Ohr auf und überträgt sie ans Ende unserer Zellen. Das Gehirn ist der Brückenkopf, aber es hat auch aus der Haut einen seiner differenzierten Teile gemacht. In der Entwicklungsgeschichte haben sich aus dem Keimblatt unserer Haut (im Verlauf von Tausenden und Tausenden von Jahren) spezifische Organsysteme entwickelt, die des Ohres und darin wieder das besondere Organ von Corti sowie das Gehirn.

Julio Iglesias, von Claude Félouter wegen eines möglichen Endes seiner Karriere befragt, antwortete, daß es für ihn unmöglich sei, dies ins Auge zu fassen. „Ich bin geboren für die Musik, und auf der Bühne lebe ich jeden Abend neu." Als der Journalist ihn bat, sich genauer zu erklären, erläuterte der internationale Star es ihm besser als ein neurologischer Artikel es könnte: „Wenn ich singe, verliere ich dreißig Jahre, ich werde ein kleiner Junge von fünfzehn, ich habe das Gefühl, daß meine ganze Haut sich ändert, ich fühle sie stärker vibrieren an den Fingerspitzen. Ich finde die Jugend wieder."

Ein Ohr, das in Abwehr die Aufnahme einer Kategorie von Frequenzen unterbindet, schafft sich unwillkürlich eine Zone der Taubheit. Aber es unterdrückt auch die Beziehung zwischen einem Zug von Wellen und dem Körper. Es beraubt sich einer sprachlichen, also symbolischen Dimension. In dieser Gegenreaktion von Abwehr hat es eine der Pforten zum Universum geschlossen, indem es eine Verdrehung schafft.

Ein Vater hat die Angewohnheit, ohne Grund im Haus zu brüllen. Vor dieser unbegreiflichen Aggression, die es wehrlos macht, hat das Baby, dem schon die tiefen Frequenzen widerstreben, erst panische, dann abwehrende Reaktionen. Wie es ein Erwachsener mit einem Radio, das brüllt, machen würde: es schaltet ab. Sein Klangspektrum wird undurchdringlich für die Männerstimme, sie liegt zwischen 1000 und 2000 Hz. Sie hat ihre natürliche Projektion auf das solare Nervengeflecht. Ist es Zufall, daß die Sonne in der Vorstellung der Kinder und Mythologie verbunden wird mit einem väterlichen Bild? Aber wenn es sich dem Vater verschließt, trennt sich das Kind von allem, wofür er steht: Autorität, Zukunft, soziales Engagement.

Eine zu sehr vereinnahmende Mutter kann Gegenstand eines gleichen Mißgeschicks sein, denn wenn das Kind sie nicht mehr hören will, unterdrückt es den Empfang der Höhen (ab 2000 Hz), Hauptzone der mütterlichen Stimme. Diese Trennung wird es des Hörens aller mütterlichen Entsprechungen berauben. Es wird also Schwierigkeiten haben, seine Lehrerin zu verstehen. Wenn es in der sechsten Klasse Englisch lernen will, wird es große Schwierigkeiten haben, denn diese Sprache spielt nur auf hohen Frequenzen. Seiner Kultur fremd, wird die Sprache Shakespeares es auch seinem Nervensystem sein. Die perfekte Doppelblockade.

Gut versteckt im Ohr, ist der Vorhof eine Skizze des Nervensystems, ein richtiges kleines ursprüngliches Gehirn, besonders beauftragt, die Funktionen des Körpers zu kommandieren und dort den Informationsstrom zu organisieren. Sein Anhang, die Schnecke, hat sich auf die Tonbehandlung spezialisiert. Wie eine Antenne hat sie die akustischen Wellenzüge aufzuspüren. Aber ihre Rolle geht hinaus über den einfachen Empfang oder das Hören von Nachrichten. Nachdem sie sie identifiziert hat, verbreitet sie sie mit Vermittlung des Vorhofes über den Körper. Der Körper, massiert durch den Zug der Wellen, die von der Schnecke gefunden werden, wird selbst eine Art entrolltes Ohr, wie eine Fahne, eine vibrierende Antenne. Die Einverleibung der Töne geschieht über einen Weg, der tausend Parameter berücksichtigt: Die vorangegangene Integration der Nachrichten, ihre Intensität, den Unterschied zwischen Tiefen und Höhen u.s.w. Wenn, um Pascal zu paraphrasieren, „das Schilfrohr denkt", ist es, weil es hört. Körper und Welt vibrieren auf gleicher Frequenz.

Nach und nach baut das Kind sich seinen eigenen Filter und entfaltet seine Gaben. Jeder integriert auf seine Weise die Botschaften und teilt sie auf das Gehirn aus gemäß seiner Natur, seiner persönlichen Geschichte und seinem Charakter. Das ideale Hören gibt es, aber nicht das Vorbild, die Norm. Es gibt kein universelles Ohr, das die Regel vorschreibt. Wenn es gut hört, findet das Kind seine Berufung als Kreativer (der die Welt wiederentdeckt), als Anwendender (wenn es die Regeln kennt und praktisch begabt ist) oder Angepaßter (fähig, den Weg zu improvisieren, vorausgesetzt, er ist auf der richtigen Spur).

14.

Ödipus, das Königskind

Ödipus ist eine gigantische mythologische Schöpfung. Pausanias, Äschylos, Homer, Euripides, Pindar und besonders Sophokles haben ihn erwähnt oder ihn auf die Bühne gebracht. Aber heute denkt man hauptsächlich an die Interpretation, die Freud gegeben hat. „Ödipuskomplex“ war jahrelang das Interpretationsraster aller Familienprobleme. Die psychoanalytische „Bibel“ hat die Geschichte des ersten „Königskindes“ verwandelt in Analyse der menschlichen Verhaltensweisen mit sexueller Dominante. „Er will mit seiner Mutter schlafen und seinen Vater töten.“ So endet ein mehrfach tausendjähriger Mythos nach vielen reichen und in hohem Maße offenen Entwicklungen.

Ödipus ist ein umfassender Mythos, der uns das Werden des Menschen erklärt, von der einfachsten Existenz bis zur Integration in die Welt. Es gibt keine Geschichte, in der der Säugling sich stößt an einer Welt, beherrscht von den Tiefen der Sexualität, die die Wesen reduziert auf die Rolle als Opfer (oder Henker) des Wunsches nach Vater-Mutter.

„König Ödipus“ von Sophokles beginnt mit diesem Satz: „Das größte Glück ist, nicht geboren zu werden, aber wenn du geboren wirst, versuche, dich so schnell wie möglich, so weit wie möglich zu entfernen von dem Punkt, von dem du gekommen bist.“

Zwischen dem Säugling in seinen Windeln (Ödipus heißt auf griechisch „der mit den gebundenen Füßen“), und dem erblindeten König, der auf sein Schicksal zuschreitet zusammen mit Antigone, seinem Lieblingskind, gibt es den Bericht einer Initiationsreise.

Wenn man die ganze Konstellation von Personen, die Ödipus umgeben, nimmt, findet man dort auch einen echten sprachlichen Mythos.

Ödipus erzählt in einem Text, der zweifellos im Verlauf von Jahrhunderten ausgearbeitet wurde, alle Etappen, die für das Kind nötig sind, um ein freies, offenes Wesen zu werden. Aber er läßt einen ermordeten Vater hinter sich, eine verlassene Mutter und Kinder, die sich gegenseitig töten. Der Vater von Ödipus heißt in der Sage Laios. Daher kommt unser Wort „laius", das bedeutet „Rede mit Wiederholungen, lang, uninteressant". Einige antike Texte betonen, daß Laios stotterte.

„Papa, Pipi, Popo, Kaka" sind in allen Sprachen die ersten Worte, Silben des Kindes: Es stottert spontan. Seine Rede hat sicher das Verdienst, seine Mutter zu erstaunen, aber glänzt nicht durch semantischen Reichtum der Sätze – ohne Frage. Das ist aber die wahre universale Muttersprache.

Der Stammbaum unseres Helden reicht bis zu einem Großvater (Vater von Laios), genannt Labdakos, den einige Autoren von den Bacchanten zerrissen sterben lassen. Sein Name bedeutet „der saugende Säugling". Das ist Ödipus in den Armen seiner Mutter, noch „Infans" („ohne Rede"), bevor er anfängt, zu „stottern" als guter Laios, der er wird. Die ganze griechische Mythologie lädt uns ein, die Familienkonstellation auszubreiten und die Personen zu untersuchen, um ihnen ihre ganze symbolische Resonanz zu geben. Da gibt es neben Jokaste (Mutter von Ödipus) Kreon, ihren Bruder, den Onkel des Helden. Kreon heißt auf griechisch (auf Französisch haben wir diese Etymologie behalten) „der, der kreiert", der „Erzeuger". Er vertritt den „wahren" Vater von Ödipus. Bis zu einem viel fortgeschritteneren Alter als man denkt, kennen die Kinder ihren Vater nicht. Vage dem Familienuniversum zugeordnet, bleibt er der Mann neben der Mutter, ein Bruder, ein naher Verwandter, der fern ist, ein vertrauter Fremder.

Ein Laios, ein Labdakos, eine Jokaste, ein Kreon machen keinen Mythos. Aber, wie die Teile eines Puzzles bekommen diese Personen-Elemente ihre ganze Bedeutung, integriert in den berühmten Bericht des Lebens von Ödipus. Sie geben uns den Schlüssel.

Noch ganz klein (noch Labdakos), fühlt sich das Kind beschützt von einem Fabelmonster, das es einhüllt in einen riesigen gütigen Schoß. Diese erste Mutter, das ist die „Sphinx“, ein Wort, das überall weiblich ist (Vergleiche: la sphinge). Sie beschützt uns, aber sie verhindert, daß man groß wird, und wird bald vereinnahmend. Das Kind erstickt und will sich befreien von dieser Bevormundung aus einem anderen Zeitabschnitt. In der Legende ist die Sphinx ein „weibliches Monster mit Flügeln wie ein Vogel und mit Löwentatzen“. Sie verschlang die Vorbeikommenden, die das bekannte Rätsel nicht lösen konnten: Welches Wesen geht mal auf zwei Füßen, mal auf drei, mal auf vier und ist entgegen den Naturgesetzen umso schwächer, je mehr Füße es hat? (Pierre Grimal, „Dictionnaire de la mythologie grecque et romaine“. Wörterbuch der griechischen und römischen Mythologie).

Wenn es nicht reagiert, bleibt das Kind auf „allen Vieren“, Labdakos am Rockschoß seiner Mutter, verschlungen von ihrem Erzeugerschoß. Aber Ödipus, der das Rätsel löst, kommt zur Vertikalität und geht aufrecht. Er wird ein kleiner Mann, und die Sphinx verschwindet. Eine andere Mutter übernimmt, Jokaste.

Bevor das Kind mit ihr festere Bande knüpft (Jokaste bedeutet „die Sternfrau, das Spinnengewebe“), wartet auf es eine neue Probe: nicht mehr der stotternde, stammelnde Laios zu sein, der es geworden ist, als es die Windeln verließ.

Die Begegnung mit Laios bedeutet den Wendepunkt im Leben des griechischen Helden. Es ist auch die bekannteste Episode. In der Sage befindet sich der, der als Vater von Ödipus gilt, an einem Kreuzweg, den man manchmal festgelegt hat auf dort, „wo sich die Wege von Aulis und Theben begegnen und den Weg bilden, der hinaufführt nach Delphi“. Laios mitten auf diesem Weg, versperrt den Durchgang zwischen rechts und links. Ödipus, der in der richtigen Richtung weitergehen will, tötet den Störenden, der ihn beleidigte, stotternd zweifellos! Wenn man die „linguistische" Interpretation dieser Szene akzeptiert, wird sich niemand wundern, sie in Verbindung gebracht zu sehen mit der Wahl zwischen zwei Richtungen, das heißt mit einem Problem der Lateralität.

Ödipus heiratet Jokaste und wird so König von Theben. Kreon steht für den Vater, der außer Kurs und ausgeschaltet ist, der verärgert ist durch die verliebte Komplizenschaft, die das Kind und seine Mutter eng verbindet. Aus dieser Vereinigung werden Kinder hervorgehen, sorgfältigst aufgezählt in den antiken Texten. Und wie die „Ahnen" die allerersten Schritte des Helden ins Leben darstellten, rufen seine Nachkommen seine Zukunft an und die neuen Proben, die ihn erwarten.

Etheocles und Polyneikos sind die beiden ersten. Verbunden im Leben wie im Tod, bilden sie ein unzertrennliches konfliktreiches Paar, das Niederlage und Sieg vereint (das bedeuten ihre Namen). Nach der Sage, dargestellt von Sophokles in seiner „Antigone", gehen sie unter, indem sie sich gegenseitig bekämpfen, nachdem sie sich geweigert haben, ihren Vater zu unterstützen. Er ist schon fern. Mit Ismene, der ersten seiner Töchter, Symbol des Gedächtnisses, das Zugang zu den Mechanismen des Lernens und der Integration der Welt gibt. Seine Entstehung ist eine kapitale Entdeckung.

Als Ödipus erfährt, daß er seinen Vater getötet hat und mit seiner Mutter geschlafen hat, sticht er sich die Augen aus. Unsere „Vulgata" deutet diesen Teil des Mythos als Eingeständnis eines Schuldgefühls verbunden mit dem sexuellen Verlangen und die Unterwerfung des Mannes unter den „Kastrationskomplex". Ödipus entdeckt, daß der Platz des Vaters schon besetzt ist und daß es nicht der seine sein kann. Er blendet sich, um zu wachsen und nicht mehr zurückzuschauen. Er folgt seinem eigenen Weg, gestützt von Antigone, dem letzten seiner Kinder, die ihm bis zum Tod treu sein wird. Sogar darüber hinaus. Sophokles hat auch sie unsterblich gemacht, indem er sie zur Heldin macht, die gegen die Gesetze der Stadt rebelliert, die lieber stirbt, um einer heiligen persönlichen, nicht schriftlich festgelegten Pflicht treu zu bleiben. Sie wird von Kreon getötet, als sie ihren Brüdern die verbotene Bestattung bereiten will.

Mit Antigone erfährt Ödipus, was er wirklich ist. Er nimmt seine Berufung an. Seine letzte Tochter symbolisiert das innere Leben, ihr Name „Antigonos“ heißt „Antiviszeralität“ oder bedeutungsvoller „Askese“, die wahre Zukunft des zum Mann gewordenen Königskindes. Mit ihr ist der Held ins Universum entlassen, in eine Welt ohne materielle Bedurfnisse, wo er seine Berufung erkennt, die leise Stimme der Antigone, die ihn zu seinem Werden führt.

Je weiter man in die Zukunft schaut, umso mehr sieht man, woher man kommt. Um auf den Grund des Werdens zuzugehen, muß man wissen, daß man aus einer tiefen Vergangenheit kommt.

Dieser Mythos scheint grausam. Er läßt hinter seinem Helden Tote, Dramen, Blut und Verstümmelung zurück. Aber Sophokles will uns sagen, daß der Mensch sein Werden annimmt, indem er (wie eine Rakete, die in den Weltraum eindringt) vieles über Bord werfen muß, was ihn aber befreit.

Wenn man der Mensch von gestern bleibt, wird man von der Sphinx verschlungen, zerstört von Laios, begraben von Jokaste, vernichtet vielleicht von Kreon. Man wird der Greis des Rätsels, der hinkt, der nicht die richtige Richtung gewählt hat. Indem wir den Ödipuskomplex bezogen haben auf ein Kapitel des Familienromans, haben wir das Wesentliche seiner Botschaft verloren.

So ist der Ödipusmythos nicht ein Einzwängen des Kindes in seine unmittelbare Umgebung. Er ist der Hinweis auf einen Königsweg zum Leben.

Zu Beginn ist die Existenz wenig. Papa, Mama. Eine in Zeit und Raum begrenzte Vergangenheit. Ist das die einzige Perspektive des Menschen? Nein! sagen uns die alten Griechen. Bei der Geburt erhält das Kind die Welt zum Erbe. Es ist Teil einer Schöpfung, die in ihm spricht, im Tiefsten seiner Zellen. Die Bestimmung des Menschen ist, sich dort zu projizieren, in andauerndem grenzenlosen Werden. Die Familie ist nicht Eigentümer dieses Kindes. Auch nicht die zeitgenössische Menschheit. Nur die Zukunft fließt in seinem Blut.

Das Stück von Sophokles hilft uns, herauszukommen aus dem rein existentiellen Phänomen, in dem wir unsere Kinder erziehen. Die Zeit des „Papa, Pipi“ ist nur eine Stufe des kleinen Menschen. Sie begrenzt sich an wenigen Dingen. Unsere Essenz ist, der Bewegung des Lebens zu gehören. Wenn es geboren wird, entdeckt das Kind ein ganzes Universum, das sich nicht beschränkt auf das seiner Umgebung. Es wird lernen, seine „Vergangenheit“ zu integrieren bis in die Tiefe seiner Zellen, es wird die Lernmechanismen entdecken, um immer weiter zu gehen in seinem Werden.

Haben wir uns von unserem Thema Erziehung entfernt, indem wir lang und breit an den Mythos von Ödipus erinnert haben? Nun, ich glaube nicht.

Niemandes Sohn, Kind seines Werdens

In meiner Sprechstunde schockiere ich oft die Eltern damit, daß ich sage: bevor ein Kind „ihnen“ gehört, gehört es zunächst der Gesellschaft. Dabei bin ich nicht glühender Verfechter des Kibbuz, und ich unterschätze nicht die Bedeutung eines gut ausgewogenen Familienlebens. Sein Kind lieben, heißt, es frei zu machen, es darauf vorzubereiten, seinem Werden zu begegnen durch Schule, später Berufung und Beruf. Ihm gegenüber haben die Eltern nur Pflichten und keinerlei Rechte. Aber wieviele Mütter machen aus ihm „ihren kleinen Süßen“, „ihr kleines Baby“. Diese ewigen Besitzausdrücke sind immer wieder zu hören, wenn man von einem Kind spricht. Kindheit hat nichts zu tun mit diesem elterlichen „Infantilismus“, der den Horizont (und das Hören!) versperrt. So weit, daß das Wesen ein affektiver Krüppel wird. So ist paradoxerweise Geburt für die Mütter eine Gelegenheit, sich auf sich zurückzuziehen.

Aber die Umkehrung ist auch wahr. Nichts Dümmeres als die Söhne aus guter Familie, die, hervorgegangen aus der Hüfte von Jupiter, sich für Eigentümer des ganzen Beines halten! Der Sohn steigt nicht herab von seinem Vater oder seinen Ahnen, so glorreich sie auch sein mögen. Er steigt auf zu seinem eigenen Werden. Der wahre Erbe ist nicht der, der einen warmgehaltenen Platz einnimmt, sondern der, der die Folge antritt, wie auch immer seine Abstammung ist.

Das bekräftigt die genaue Beobachtung der Realität. Das „soziokulturelle“ Herkunftsmilieu verteilt nicht automatisch einen Bonus oder ein unüberwindliches Handikap.

Ich hatte Gelegenheit, die Fälle von Kindern, deren beide Eltern taubstumm waren, zu studieren. Das Sprachbad in der Familie, in dem sie sich entwickeln, ist, einfach ausgedrückt, nicht reich. Aber in der Schule (nach einigen Unsicherheiten) holen diese Kinder ihre Verspätung ohne Schwierigkeit auf und haben eine ganz normale Schullaufbahn.

Legastheniker kommen aus allen Schichten. Ich kenne welche aus besonders begünstigten Kreisen mit Rekorden in Rechtschreibfehlern und Versagen aller Art. Deren Eltern sind oft mehr taubstumm als die vorher Erwähnten, sie sind es von Herz und Seele.

Das Glück (französisch „fortune“, in der Grundbedeutung, personifiziert durch Fortuna, Göttin der Antike) wird nicht vererbt. Bremsen, Blockaden, Selektion auch nicht.

Übermäßig optimistische Rede? Wie eine Blume, die eine genaue Dosis Wasser und Sonne braucht, so braucht ein Kind Liebe und Verständnis. Wenn es sie nicht in der Familie findet, hat es eine ungewöhnliche Kompensationskraft, die es anderswo die Chance suchen läßt, die es zu Hause nicht hat.

Aufgezogen in sozial oder psychologisch ungünstigen Verhältnissen, kann es aufgefangen werden durch eine wohlwollende Umgebung, parallellaufende pädagogische Struktur, durch verständnisvolle Sozialgruppen, die ihm die Mittel geben können, sich zu schützen. Vorausgesetzt, es findet dort ein Universum, wo alles nur Spiel ist ... bis zur Schule.

Das Kind (das ist sein wahres Erbe) zeigt ganz klein einen sehr starken Wunsch nach Öffnung zur Welt. Ein richtiges Vorstoßen ins Leben, neugierig auf alles. Aber es merkt auch sehr schnell, daß es angesichts einer Rede oder Situation, die es als feindlich empfindet, eine unglaubliche Waffe hat: nämlich sich dem anderen zu verschließen und sich so zu schützen. Am Anfang solcher Verschließungen ist immer ein Hörproblem, ein Kommunikationsproblem. Ein nicht geneigter oder aggressiver Vater, eine unfreundliche Bemerkung seiner Mutter, eine Grausamkeit der Umgebung genügt.

Ein Kind bleibt also im Tiefsten zerbrechlich. Wie bei Ödipus sind die Prüfungen, die es erwarten, zahlreich und furchtbar. Es provoziert sie übrigens. Es häuft, sobald es den Mutterschoß verläßt, soziale Wünsche an. Stufenweise, auf seinem kleinen Niveau, konstruiert es sich eine Welt in seinem Kopf, die seines Werdens. Es will Feuerwehrmann werden, aber beim Fernsehen werden ihm die Gefahren dieses Berufes deutlich. Es gibt auf und will Pilot werden. Ach, leider, der Schularzt sagt ihm, daß es einen Sehfehler hat und den Beruf nicht ausüben kann. Es erlebt seine erste große Enttäuschung. Wenn seine Umgebung mangels Aufmerksamkeit nicht die tiefe Verzweiflung des Kindes zu der Zeit erkannt hat, verschließt es sich, weil es keinen Trost findet.

Es gibt andere Berufe, gewiß, und die meisten Kinder machen munter weiter und suchen selbst etwas Neues. Aber das zartere Kind, von unaufmerksamen Eltern umgeben, die es nicht anhören, wird endgültig die leise Stimme zum Schweigen bringen, die zaghaft die Wege seiner Berufung andeutete. Dann beginnt eine lange „unverständliche“ Reihe von Mißerfolgen in der Schule, die es im sozialen Leben zurückwerfen. Wenn die Verzögerungen sich häufen und die Blockaden anhalten, endet es nach Belieben der Orientierungsräte auf einem Abstellgleis der Sekundarstufe. Im besten Falle wird sein Schicksal sein, die Motoren der Flugzeuge, die zu steuern es träumte, zu reparieren.

Es gibt keine „blöden“ Berufe. Es gibt eine böse Interpretation von Worten, die die sozialen Unterschiede mit Koeffizienten von fortschreitender Abwertung präsentieren.

Ich wäre liebend gern Mechaniker geworden. Mein Beruf hat mir übrigens erlaubt, diese Leidenschaft zu stillen, indem ich einen großen Teil meiner Zeit damit verbracht habe, Maschinen aus- und aufzubauen. Diese Tätigkeit wird heute als eine der letzten Möglichkeiten einer verpatzten Schulkarriere vorgeschlagen. Alle Berufe haben ihre Bedeutung. Denn gut ausgeübt, entsprechen alle einem Wunsch, einer Entfaltung, einer Berufung. Man soll in diesen Worten nicht soziale Resignation sehen, denn ich bin überzeugt, daß ein Hirn fähig ist, mehrere Berufe nacheinander oder gleichzeitig auszuüben. Alles ist großartig für einen offenen Geist.

In der Bibel gibt es einen schrecklichen Satz. „Es gefällt Gott, daß der Mensch arbeite.“ Das verdirbt einem alles, Gott vielleicht, die Arbeit bestimmt. Einer meiner Freunde, der Hebräisch fließend beherrscht, hat mir die richtige Übersetzung gesagt. „Es gefällt Gott, daß der Mensch die Erde so wie seinen Geist bearbeite.“ So verlieren Worte ihren Sinn und damit ihre Wahrheit. Zwischen den beiden Interpretationen liegt der ganze Unterschied, der ausmacht, ob ein Kind sich dem, der zu ihm spricht, verschließt oder öffnet.

Die öffentliche Meinung und das augenblickliche System der Erziehung haben den Eintritt in das soziale Leben geändert nach dem Muster der Spiele im Fernsehen, bei denen die

Konkurrenten mit einem Reichtum starten, der sich im Laufe des Spiels verringert. Zum Schluß ähnelt das, was übrig bleibt, mehr einem Soll als einem Haben.

Mein Großvater war Straßenarbeiter in Nizza. Er hatte vierundzwanzig Kinder und nur Freunde in seiner Stadt, in der er eine Art kleinen Laden hatte, der ihm erlaubte, seine Fundsachen aus den Mülltonnen und Rinnsteinen auszustellen. Er sang mit seiner schönen Stimme des Piemontesers die ganze Zeit, half den Bewohnern der alten Stadt, indem er für sie Holz sägte. Meine Großmutter kochte Suppe und hatte eine der ersten Volksküchen der Region gegründet. Alle Kinder des Viertels kamen zum Essen zu ihr. Mein Großvater fühlte sich nicht herabgewürdigt durch seinen Beruf. Er ist sein ganzes Leben lang glücklich gewesen. Nicht, weil er mit wenig zufrieden war, sondern weil er durch seine Grundtätigkeit eine Art persönliche und soziale Ausstrahlung erworben hatte. Das war zwar vor vielen Jahren. Heute trägt der Beruf einen neuen Namen „Müllwerker“. Wer möchte wirklich heutzutage einen Beruf ausüben, der „schmutzig“ bedeutet?

15.

Warum unser Gedächtnis versagt

Das Gedächtnis gilt heute nicht viel. Auswendiglernen ist eine langweilige Übung geworden, und kein Lehrer würde mehr wagen, die Liste der Departements oder die Rede des Augustus aus „Cinna“ von seinen Schülern zu verlangen. Vor einigen Jahren haben Historiker und Journalisten vorsichtig Alarm geschlagen: „An den Schulen kennt man die Daten der großen Ereignisse der französischen Geschichte nicht mehr.“ Für Generationen, die trainiert wurden nach dem Rhythmus 1515 Marignan, 732 Poitiers, war das Grund zur Beunruhigung. Hat man auf sie gehört? Ihr Vorgehen wirkte wie der Kampf einer Nachhut, Geplänkel in einer Schlacht, die keine Spuren in der Geschichte hinterläßt.

Auswendig Gelerntes „versperrt den Kopf der Kinder“. Im Namen dieses Allgemeinplatzes haben einige Lehrer (sie folgten damit übrigens ministeriellen Anweisungen) total aufgeräumt mit jeder Kenntnis, deren Erwerb eine als „mechanisch“ angesehene Anstrengung erforderte. Ergebnis? Das Gedächtnis der Kinder beschränkt sich auf das ihrer unmittelbaren Umgebung. Sofern ein Psychoanalytiker im Umkreis ist, auf das ihrer Familiengeschichte.

Nun. Gedächtnis ist nicht Erinnerung. Es ist auch weder Synonym für Verdummung noch die feindliche Schwester der Intelligenz. Indem er das Auswendiglernen ausschaltet, verzichtet der Lehrer nicht nur auf eine Kultur. Er verhindert die Schulung des Gehirns. Dieses funktioniert wie eine enorme Dispatchermaschine, die die Informationen empfängt, die von den perceptio-sensorischen Apparaten, nämlich den Augen, der Haut, den Ohren usw. geliefert werden. Es schickt sie dann bis zu unseren fernsten Zellen, die sie ausdrücken in Geste, Haltung, Wort, Ton, Gedanke. Dieser Mechanismus, diese großartige Maschinerie taucht das Kind von Geburt an in eine Welt, die hinausgeht über die Umgebung, auf die es mit der Nase stößt. Dank dieses Mechanismus lernt es, sich in seinem Körbchen gerade zu halten, sich auf die Beine zu stellen, zu sprechen, zu lesen, zu schreiben. Dieser Mechanismus ist das Gedächtnis (im Sinne des Auswendiglernens).

Der Mensch ist integriertes Gedächtnis. Seit seiner Zeugung hat er in seinen Zellen schon memorisierte Informationen erhalten, die sein ganzer kleiner Körper engrammiert. Er wird sie sich wieder aneignen, lernen, sie zu beherrschen und zu entwickeln.

So ererbt ein Kind ein genetisches Gedächtnis, die Spur einer Menschheit, die in ihm klingt und das, weit davon entfernt, es auf sich zurückzuwerfen, ihm die Welt öffnet, die es umgibt und in die es getaucht ist. Eine Welt, die es bereit ist, zu entschlüsseln, in der es lernt, die Milliarden Verbindungen, die die Welt webt, zu entdecken. Das Gedächtnis ist nicht Bremse oder Hindernis, im Gegenteil, ein großartiges Instrument der Öffnung und Befreiung, das uns hilft, den Reichtümern der Welt entgegenzugehen.

In der Fahrschule zeigt der Fahrlehrer „Mechanismen", die, gut integriert, Automatismen werden. Als Führerscheininhaber befreit sich der Schüler davon und entdeckt die Freuden des Fahrens. Aber wenn der Unterricht nur die erste Phase hervorhebt, die des puren Erwerbs, dann gilt die spätere Aktivität als nicht attraktiv. Beim Schach gibt es nicht nur die Regeln, es gibt hauptsächlich die Freude, zu spielen. Sagt man von den Regeln (wenn sie erworben sind) nicht, daß man sie vergessen hat? Übersetzen wir: Man kennt sie bis „in die Fingerspitzen" auswendig. Dieser „organische zellmäßige" Weg, der zum Vergessen führt, ist gepflastert mit Mechanismen des Gedächtnisses.

Chronometer in der Hand

Das Zentrum der Regulierung des Gedächtnisses ist das Gehirn, wahre Schaltstelle zwischen der Welt und unserem Körper. Diese Mechanismen sind noch ein Mysterium für uns. Man kann sie mit denen eines Riesencomputers vergleichen, zusammengesetzt aus fünfzehn Milliarden Zellen. Aber seine Fähigkeiten sind uns noch unbekannt.

Und doch: es gibt einen Rhythmus, eine Art Tempo, das leicht herauszufinden ist. Wir kennen seine Regeln. Ein Student arbeitet. Für Augenblicke setzt er aus, bewegt sich, zeigt die Absicht, etwas anderes zu tun. Er steht auf und schaltet das Radio ein, zündet eine Zigarette an, geht in ein anderes Zimmer, trinkt einen Schluck. Das sind natürliche Pausen. Das Gehirn macht Pause und nutzt sie, um die erhaltenen Informationen zu registrieren und zu verteilen. Aber es verschließt sich vor dem Äußeren, und seine Hauptaktivität geht auf Nachtlicht.

Wenn der Lehrer das Kind während dieses Zeitabschnittes fragt, kann das Kind mechanisch ein Stück der Lektion wiederholen, dabei hat es nicht gehört, und wenn man genauer fragt, ist es sehr in Verlegenheit.

Die Debatte über Schulrhythmen ist in Mode. Aber die Rhythmen des Gehirns? Es sammelt sich auch, verbindet sich, aber zeitweise muß es in Halbaktivität sinken, denn es hat einen Atem. Es atmet, und wie ein Dauerläufer muß es Kräfte sammeln. Aber wer denkt schon daran, die Rhythmen des Gehirns mit denen der Schule in Einklang zu bringen?

Das Gehirn eines Kindes hat ein Maximum von zehn Minuten Leistung. Nicht länger. Dann hat es zwei Perioden minderer Intensität. Jede dauert wieder zehn Minuten, dann erholt es sich zwanzig Minuten lang, dann beginnt ein neuer Zyklus von fünfzig Minuten.

Die Konzentrationsmöglichkeiten nehmen mit dem Alter zu. Ein Student im vollen Besitz seiner Kräfte, der sich sehr früh mit dieser Arbeitsmethode vertraut gemacht hat, verbessert die Leistungen. Sein „Neurorhythmus“ besteht auch aus vier Perioden, aber die hyperaktive Phase vergeht nach zwanzig Minuten, (dreißig Minuten in manchen Fällen), und die Ruhe kann auf zehn Minuten reduziert werden.

Das „gueuloir“

Während der ersten Periode versenkt der Student sich in den Text. Er liest leise und saugt sich voll mit allen Informationen, die er enthält. Die folgenden zwei Phasen von zehn Minuten sind dem Nachlesen gewidmet. Zunächst weiter leise, dann mit lauter Stimme. Diese Übung wird belächelt von denen, die ihre Tragweite nicht kennen. Ich wende sie an bei der Behandlung von Legasthenie und anderen Kommunikationsschwierigkeiten. Dank ihrer wird das Gehirn mit Klangstimulantien bombardiert, die ihm Energie zurückgeben. Flaubert in seinem „gueuloir“ (die erste Niederschrift, die der Autor sich zur Kontrolle laut vorlas), Victor Hugo, Valéry sind die „Heiligen“, die ich anführe, wenn man mich skeptisch nach der Wirksamkeit fragt. Der große Musiker Francescati gab Einstein Geigenunterricht. Er hat mir erzählt, daß der Gelehrte die Gewohnheit hatte, zwischen Studien über die Relativitätstheorie zu spielen (schlecht, scheint es). Er sagte, daß diese Übung ihm das Gehirn wieder auflüde. Töne haben tatsächlich diese Kraft.

In der Tat: Schauspieler, Sänger, alle, für die Kommunizieren eine Berufung ist, kennen diese Praxis, die ihnen erlaubt, wirksam (fast für immer) eine Information zu speichern, indem sie die Dynamik des Gedächtnisses nutzen. Nach und nach würde der Student, der meinen Rat befolgte, entdekken, daß nach diesem Vorbild „Lernen mit lauter und kräftiger Stimme“ präzise Körperposition und Atemtraining bedeutet. Die kontrollierte Stimme bekommt Timbre, wird tönend und stimulierend. Die Wirbelsäule richtet sich auf und nimmt teil an diesem Eindruck der Nervenaufladung. So wird das

Wecken von Lernmechanismen bereichert um sensorische Perzeptionen, die Schauspieler und Theaterleute gut kennen. Schließlich, in der letzten Phase läuft das Gehirn mit Freilauf. Lassen wir es also.

Lesen mit lauter Stimme erlaubt nicht nur, auswendig zu lernen, es ist auch eine mächtige kreative Quelle. Für Schrift und Inhalt gibt es Leichtigkeit in Rhythmus und Verlauf des Satzes. Es ist Gewinn an Kreativität. Diese Methode der Integration von Kenntnissen kann sich so bezahlt machen in einer Phase geistigen Schaffens. Es genügt, auszusprechen, was man schreibt.

Dieser Rhythmus von einer Stunde (zwanzig Minuten, plus zehn, plus zehn, plus zwanzig) hat keine Grenzen. Gut beherrscht, kann er ohne Ermüdung wiederholt werden, bis zu fünfzehn Stunden täglich. Aber das Entspannen ist je nach Situation verschieden. Das Gedächtnis ist nicht einfach Integrationsphänomen. Es projiziert sich, wie uns die Übung „paperboard“ zeigt, durchgeführt abwechselnd mit dem „Lautlesen“, das ich ganz besonders für die Überprüfungen empfehle.

Vor eine Tafel gestellt, formuliert der Student seine Kenntnisse und bringt sie vor, als ob er eine Vorlesung hielte. Unterstützt von seiner Einbildungskraft, bemüht er sich, sie einem Auditorium mitzuteilen. Worin liegt der Sinn dieser Übung? Lernen (apprendre = aufnehmen) heißt, für sich die Information bewahren und sie in gewisser Weise verfestigen, indem man sie gefangen hält. Das „paperboard“ erlaubt dem Gedächtnis, wieder an die Oberfläche zu kommen im Wunsche zu kommunizieren. Indem es die Information nach außen projiziert, gibt es ihr wieder Frische und Neuigkeit. Es findet die erste Perzeption wieder, verdoppelt durch die Freude, sie mitzuteilen.

Die Zellen verblöden in der Feriensonne

Heutzutage „verschlingen“ Schüler 2 Stunden „Nonstop“ Mathematik, fügen einen Kurs Geschichte an nach kurzer Pause von zehn Minuten und sehen sich getadelt, den Kurs nicht komplett behalten zu haben. Macht der Lehrer sich überhaupt selbst klar, was er erzählt? Gelegentlich ist er einfach nur wie ein Tonbandgerät, das sich vor einer leeren Klasse dreht.

Abiturnachzügler machen die grausame Erfahrung des „Gedächtnisses mit Löchern“. Eine Kopie von hundert Seiten am halben Tag zu „verschlingen“, ist unmöglich. Außer man legt freiwillig Engpässe ein, die den Augenblicken der natürlichen Verschließung des Gehirns entsprechen. Damit rebelliert das Gehirn, und während seiner „Ruhestunden“ kann man ihm nichts zu verschlingen geben.

Das Gehirn von Schülern (dessen graue Zellen behandelt werden wie die Leber einer Gans im Périgord), wird während der drei Monate in den großen Ferien brutal zur Inaktivität gezwungen. Suchen Sie den Fehler! Das Kind braucht Ruhe, das Gehirn fordert, daß man seine Rhythmen respektiert, und nach sechs Wochen völligen Abschaltens, in denen es inaktiv bleibt, ist ein Trimester nicht ausreichend, um es wieder in Gang zu bringen und ihm zu erlauben, die Leistungen des Monats Juni wiederzufinden. Was für eine Zeitvergeudung! Fünfzehn Milliarden Zellen, um sie in der Sonne rösten zu lassen, ganz schön blöd.

Ferien für die Kinder ja, für das Gehirn nein. Diese komplizierte Maschine braucht erhebliche Energie, um wieder angekurbelt zu werden. Frankreich ist an hinterer Stelle im Kampf für die Schulrhythmen. In einigen Schulen mit moderner Pädagogik hat der Lehrkörper ein System von geplanter Siesta über die Vorschulklassen hinaus eingerichtet. Man hatte richtig festgestellt, daß die Kinder eine Sperre beim Nachmittagsunterricht haben. In den angelsächsichen Ländern geht man weiter: es gibt keinen Unterricht nach dem Mittagessen. Die Schüler stehen den Sportlehrern zur Verfügung. Es gibt dort Universitätskurse mit dreißig sehr intensiven Minuten, gefolgt von zehn Minuten für Fragen oder Verdeutlichung, der Unterricht dauert nie länger als fünfzig Minuten.

In einer Klasse könnten diese Prinzipien berücksichtigt werden, ohne die Stundenpläne zu sehr durcheinander zu bringen. Es würde genügen, die Augenblicke intensiver und anschließend geringerer Konzentration mit den Ruhezeiten abzuwechseln.

Bei einer Unterrichtsdauer von einer Stunde würde das Kind zwanzig Minuten gründlich arbeiten, die folgenden zehn Minuten würden für Wiederholung sein, dann würde der Lehrer zum Lautlesen übergehen, schließlich wäre die Ruhezeit einer ganz anderen Aktivität gewidmet. Warum nicht der Spur (wenn nicht dem Beispiel) Einsteins folgen und musizieren?

16.

Der Hörtest

Wie der Test entstand

Wie alle auf die Probleme des Hörapparates spezialisierten Ärzte, die Hals-, Nasen-, Ohrenärzte, habe ich die ersten Jahre meiner Tätigkeit damit verbracht, Hunderte von Hörtests zu analysieren, die Kurven der tiefen und hohen Töne zu messen und so weiter. Beim einfachen Anblick der Audiogramme meiner Patienten kamen mir diese wieder mit ihren vielen verschiedenen Leiden ins Gedächtnis. Ich konnte unter anderem eine Verbindung finden zwischen dieser einfachen Skizze und der Art ihrer Stimme.

Mir ist klar geworden, daß ein solcher Test über einfaches Messen des Hörens hinausgeht und umfassendere Hinweise gibt, deren Bedeutung wir erst anfangen, zu begreifen. So wie einige Kinder gute Augen haben, aber unfähig sind, zu lesen, verfügen andere anscheinend über ein gutes Gehör, aber haben eine unsichere und ungenaue Sprechweise. Das hat mich dazu gebracht, nach der Verbindung zwischen Phonation und Audition zu fragen. Zwischen diesen beiden gibt es Komplikationen, und ich habe mich darauf spezialisiert, sie zu verstehen.

Die zwei Pforten

Das Ohr beschließt, seine Möglichkeiten auf zwei Arten zu nutzen. Beim einfachen Hören kitzeln die Töne das Trommelfell, aber das Kind kann sie unbeachtet lassen und eine zweite Zugangspforte geschlossen lassen, die vom inneren Ohr abhängt und sich nur öffnet, wenn man das Verlangen spürt, das Nur-Hören zu verlassen und so den Ausgangspunkt zur Kommunikation freigibt. In diesem Sinne unterscheidet sich solch ein Verlangen von der üblichen Interpretation, in der man oft nur einen Wunsch sieht vage bezogen auf einfache Sexparameter. Aber ist nicht Kommunizieren das größte Vergnügen? Ein Penis reicht schließlich nicht sehr weit, aber ein Wort dringt tief ins Herz. Der Phallus bedeutet etymologisch „Das Wort, das sich aufschwingt", die Vertikalität, das phallische Bild des Mannes.

Beim Hinhören (was wir eben vom einfachen Hören unterscheiden) mobilisiert das Kind sein ganzes Wesen zum Nutzen der Rede des anderen. Die klassischen Hörkurven analysieren die Reaktionen nach Frequenz und Intensität, aber sie sagen uns nichts von dieser tiefen Bewegung. Sie können eine organische Verletzung anzeigen, aber sagen nichts über die Funktion selbst. Akzeptiert das Kind den Dialog? Ist es imstande, zu sprechen oder die Sprache richtig zu integrieren? Hört es sich richtig, während es spricht? Das sind die Fragen, die wir beantworten wollen.

Um die Funktionsstörungen aufzuspüren, verfeinern wir die Analyse auf der Suche nach der kleinsten „Löschung", die wir immer mit dem Psychischen zu verbinden suchen. Das Ohr ist nicht einfach weiteres Organ. Es öffnet seine physiologische Realität einer psychologischen Dimension, da es die Eingangspforte für die Sprache ist. Viele Jahre lang haben die Spezialisten unter dem Eindruck der strukturellen Linguistik die Verbindung des Psychischen und der Sprache nicht beachtet.

Nun, die Sprache ist von einem Ende zum anderen vom Menschen geprägt und überflutet mit Bedeutungen. Audiologie, Phonologie und Semantik bilden einen Kreis. Im Herzen dieses Kreises integriert ein Organ die Töne, erlaubt, sie zu reproduzieren und zu kontrollieren: das Ohr, der wahre Schlüssel des Systems.

Der Ton, identifiziert vom Ohr, integriert vom Nervensystem, wird im Körper gespeichert wie ein in den Boden gelegtes Samenkorn. Er findet dort eine Art Resonanz. Sie funktioniert wie ein richtiges Gedächtnis, das, wenn es wieder angeregt wird, erlaubt, ein Wort, ein Geräusch usw. zu erkennen.

Jede Frequenz, gebunden an ein Organ, einen Wirbel oder ein Körperglied gibt einen Hinweis auf den physischen und psychischen Zustand des Kindes. Eine Hörverdrehung hat ihre neurologische Auswirkung, und ein richtig verfeinerter Hörtest kann nicht nur die Fähigkeit des Kindes, die Sprache zu integrieren, anzeigen, sondern auch den Zustand seines Magens! Die sich entwickelnde Technik macht es heute möglich, weiterzugehen und die Fotografie der Stimme herauszubringen. Die Analyse des Spektrums der wiedergegebenen Frequenzen zeigt die Hörfähigkeit an und gibt wertvolle Informationen über die Art, wie ein Kind seine Rede kontrolliert.

Der Hörtest besteht aus vier Prüfungen. In der ersten zeichnen wir die Hörkurve des Kindes auf, indem wir seine Hörfähigkeit feststellen auf dem Niveau einer bestimmten Intensitätsschwelle, aufgestellt nach der üblichen Skala der Töne von 125 bis 8000 Hz. Der Verlauf dieser Kurve (für das Luft- und Knochenhören) folgt, im besten Fall, einer Steigung bis 2000 oder 3000 Hz, dann progressiver Abfall. Der Verlauf in Zacken verrät Unterbrechungen im Hören.

Die zweite Prüfung betrifft die Selektivität der Töne in der Region der dynamischen Intensität der Sprache (40 bis 50 dB). Dieses Experiment ist besonders wichtig, denn es erlaubt, zu erkennen, wie ein Kind seine Hörmöglichkeiten der Klangumwelt anpaßt und den Zuhörwunsch „signiert". Die Kurve muß genau die Gesamtheit des Klangspektrums decken, das dem Ohr zugeordnet wird (zwischen 125 und 8000 Hz), und besonders offen sein für den Empfang der hohen Töne. Dort decken wir die größten Probleme auf, indem wir entdecken, daß bestimmte Tonstreifen wahres „Niemandsland" darstellen und jede Tonanalyse in bestimmten Zonen unterdrücken.

Die dritte Prüfung besteht darin, die Fähigkeit des Ohres, in Zeit und Raum zu lokalisieren, festzustellen. In der vierten Prüfung stellen wir die Fähigkeit der Hörlateralisation des Kindes während des Hörens von Geräusch, Sprache und der eigenen Rede fest (Untersuchung des führenden Ohres).

Das Kind unter dem „Elektronischen Ohr"

Wenn der Hörtest erstellt ist, schicken wir dem Kind Töne (dank eines Apparates, „Elektronisches Ohr" genannt), die die Muskeln des Mittelohrs zum Arbeiten anregen und den Wunsch, zu hören auslösen.

Das Kind wird in die idealen Hörbedingungen getaucht, die jeder Mensch für einige Monate seines Lebens gekannt hat, die Monate im Uterus. Vom vierten Monat an hat der Fötus sein Ohr im Bauch seiner Mutter geöffnet. Dort hat er ideale Hörbedingungen erfahren, nach denen wir uns das ganze Leben lang mit tiefer Wehmut sehnen. Die unter dem Elektronischen Ohr gehörten Bänder bestehen unter anderem aus der Aufzeichnung der mütterlichen Stimme. Wir haben sie so gefiltert, daß sie nur die tatsächlich in diesem ersten Lebensstadium gehörten Frequenzen, d.h.hauptsächlich die Höhen, durchlassen. Wenn die Mutter fort ist, ersetzen wir ihre Stimme durch klassische Musik (vornehmlich Mozart), in derselben Art behandelt. Wenn das Kind dieses ideale Hören wiederfindet (nach einigen Sitzungen), zeigt es den tiefen Wunsch, zu kommunizieren. Die Behandlung besteht darin, es solide Grundlagen wiederfinden zu lassen, die ihm ermöglichen, sein wirkliches Alter wiederzuerlangen. Allmählich verschwinden die Filter, und eines Tages befindet sich das Kind wieder in normalen Hörbedingungen. Das ist ein sehr wichtiger Augenblick der Behandlung mit oft ebenso erstaunlichen Wirkungen wie denen des Gebärens. Das Kind entdeckt die Audition und ein „normales" Hinhören, getrieben von Lebensfreude und einem vervielfachten Wunsch, zu kommunizieren, der, wenn alles gut geht, die alten Verdrehungen und Blockaden auf Null reduziert.

Nach und nach ergreift es, seinem Alter entsprechend, Besitz von seinem Ohr, aber seine Lernmechanismen fangen wieder bei Null an. Wie ein Orchester, das ein anderes Instrument aufnimmt, fügt es seiner Welt wieder eine Grunddimension hinzu, aber muß alles neu interpretieren, gemäß seiner neuen „Formierung".

Die Legastheniker werden dann aufgefordert, laut zu lesen, immer unter dem Elektronischen Ohr, so laut wie möglich. Mit aufgerichtetem Körper und mit der rechten Hand vor dem Mund. Anfangs ist das schwer, wie für junge Klavierspieler, die sich mit den ersten Noten eines Stückes von Chopin mühen. Wir lassen sie alles, was sie können, stottern, auch wenn sie nicht verstehen, was sie lesen. Ihr Ohr wacht auf, hört die Töne wieder richtig und macht sie sich zu eigen. Allmählich gesellen sich die Worte zu Paaren, dann zu größeren Gruppen, das Lesen gewinnt seinen Rhythmus und erlaubt dem Kind, an die Bedeutung des Textes heranzukommen. Die Stimme öffnet sich mit dem Tempo des Lesens. Sie bringt sich in Harmonie mit den semantischen Wellenzügen, die das Erwachen des Gehirns begünstigen. Dieses Lesen mit (sehr!) lauter Stimme empfehlen wir auch, um dem Kind zu helfen, die Orthographie zu beherrschen. Der in dieser Art „geschriebene" Text ist viel kommunikativer, die Argumente, die Ideen, fließen besser, und die Orthographiefehler werden geringer.

Flaubert, Maupassant, Goethe, Victor Hugo, wir haben es gesagt, kannten die Vorteile dieses „gueuloir". Der große Schriftsteller Válery merkte am Rande eines Manuskriptes, wo ein Wort fehlte, an: „Ich habe vergessen, es zu *sagen*".

Die Behandlung dauert ungefähr vier bis sechs Monate. Wir empfehlen zwei oder drei Serien von Behandlungen mit einer Dauer von je zwei Wochen, in denen das Kind täglich (während zwei Stunden = vier Sitzungen) unter das Elektronische Ohr gesetzt wird. Neunzig Sitzungen (einhundertzwanzig höchstens) genügen. Die Resultate sind umso spektakulärer, je intensiver das Kind sich diesem Training unterwirft. Wie wir wissen, bringt diese Erziehung des Ohres für die Eltern etliche Probleme. Sie müssen die Kinder zu unseren Zentren begleiten, oft weit von der Schule entfernt.

In den USA und in Kanada beweisen Experimente im Unterricht, daß es die beste Lösung ist, die Apparate in das Schulsystem zu integrieren. Die Kinder gewinnen Zeit, und die Behandlung erhält ihren wahren Platz als pädagogische Erweckung.

Ein nordamerikanisches Experiment

1978 fand unser internationaler Kongreß in Toronto, Kanada, statt. Die Vertreter eines bedeutenden nordamerikanischen medizinischen Laboratoriums (MDS) hatten uns vorgeschlagen, unsere Hilfstechniken für Kinder mit Lernschwierigkeiten in großem Maßstab einzurichten, um sehr präzise Statistiken machen zu können. Die erheblichen Mittel, die zur Verfügung standen, gaben ihnen dazu effektive Möglichkeiten. Die MDS-Gesellschaft hat, nachdem sie unsere europäischen Einrichtungen besuchte, ein erstes Zentrum in Toronto eröffnet, das 850 (achthundertfünfzig!) Kinder unter dem Elektronischen Ohr behandeln kann und das klassische Training, das wir oben erwähnt haben, befolgt. Die Kinder wurden zahlreichen Tests unterworfen vor, während und nach dem Experiment, um die Fortschritte zu messen. Es war das erste Mal, daß eine solche Studie durchgeführt wurde. Der Fragebogen für Lehrer und auch Eltern sollte die Fortschritte auf allen Gebieten der Kommunikation und des Verhaltens messen. Er bezog sich auf Qualität der Strukturierung des Satzes, auf Lesen, Wortschatz, Interesse für Schrift, Gedächtnis, Konzentration, auf so viele Parameter wie die Forscher von MDS meinten, messen zu können.

Auf die allgemeine Frage aber nach den vom Kind erreichten Erfolgen gab es 97% positive Antworten. Man wäre schon mit 35% zufrieden gewesen. Im Einzelfall sind die Ergebnisse noch viel spektakulärer. In Konzentration, Reife, Gedächtnis, Qualität des Wortschatzes oder der Struktur des gesprochenen Satzes, Lesen, allgemeine Kommunikation (Spezialgebiete der Verbesserung, genauestens verzeichnet) wurden um mehr als 75% Fortschritte verbessert, mit Spitzen manchmal über 90% (besonders bei der Konzentration).

Amerikaner lieben Statistiken und begnügen sich nie mit einem einzigen Experiment. Die Mannschaft von MDS hat im folgenden Jahr drei neue Studien ins Leben gerufen. Die erste wurde von der bekannten Kinderärztin Barbara Xilson durchgeführt, Chefärztin der neuropsychologischen Abteilung im North Shore University Hospital, New York, die zweite von Dr. Byron Rourke, Chefarzt der Neuropsychologie am Krankenhaus von Windsor, Kanada, und eine dritte Studie von Dr. Tim Gilmor vom Zentrum in Toronto. In dem Fall stand die „Methode Tomatis“ im Wettstreit mit dem Besten, was die USA und Kanada an Hilfen für Kinder mit Schwierigkeiten hatten. Auch da waren die Ergebnisse weitestgehend positiv und in allen Fällen besser als die der „Konkurrenz“, darüber hinaus mit einem gewaltigen Vorteil: das Elektronische Ohr macht die vielfachen Gespräche mit Psychologen überflüssig und erlaubt, zahlreiche Legastheniker gleichzeitig zu behandeln. Es ist also viel „rentabler“.

Parallel zu diesen Experimenten entwickelt das Zentrum Toronto seit einigen Jahren Spezialprogramme, „Listening Training Program“, für Kinder mit Lernschwierigkeiten. Seit 1982 wenden Schulen in Ontario, Quebec, Manitoba und Saskatchewan dieses Programm an mit Resultaten, die offenbar befriedigend sind, da die Schulräte jedes Jahr der Weiterführung des Programmes zustimmen.

17.

Einige Bemerkungen, Beispiele für Fragebögen und Auswertungen aus den offiziell genehmigten Hörkursen im staatlichen Schulwesen Frankreichs aus den Jahren 1989 bis 1993

Françoise und Jacques Pélé / Gérard Fourneau

Hörkurse im staatlichen Schulwesen in Frankreich

Ausgangsbedingungen und -ziele

Anläßlich der Einrichtung von Hörkursen im staatlichen Schulwesen mußten wir zunächst unsere eigenen Erfahrungen mit der Anwendung der TOMATIS-METHODE machen und sie sodann als Lehrer den uns anvertrauten Schülern zur Verfügung stellen.

Wir bemerkten sehr schnell, daß es bei unserem Projekt gar nicht vorrangig um die Wirksamkeit der TOMATIS-METHODE ging – wie wir sie vorher an uns selbst erfahren hatten – sondern um unsere Fähigkeit, diese in eine schulische Institution zu integrieren, man könnte auch sagen, unsere Fähigkeit dieses Vorhaben wirklich durchzusetzen angesichts der Vielzahl von Ablehnungsgründen, die uns entgegengebracht wurden.

Die Existenz dieser Hörkurse verdanken wir sowohl Einzelinitiativen als auch einer Gruppenarbeit und der guten Zusammenarbeit verschiedener Patner.

Unsere persönlichen Lebensgeschichten, unsere ursprüngliche Ausbildung, die Arbeitszusammenhänge jedes einzelnen, machen jede unserer Erfahrungen zu etwas Einzigartigem. Alle Projekte sind das Ergebnis von Einzelinitiativen, die sowohl von den schulischen Gremien angenommen werden mußten, als auch von der Ausbildungsabteilung TOMATIS. Jedes Projekt wurde von jeweils anderen Institutionen, Trägern, Vereinen gefördert oder unterstützt.

Die Ausbildungskosten in der Tomatis-Zentrale wurden, mit Ausnahme derjenigen von Gérard Fourneau, von uns selbst getragen. Theoretisch reicht die Erlaubnis des Schulaufsichtsbeamten und der jeweiligen schulischen Gremien, um so ein Projekt durchführen zu dürfen. Tatsächlich aber muß ein breites Feld bearbeitet werden: **Schulleitung und Kollegium müssen dafür gewonnen werden!!**

Wenn irgend möglich, sollten alle Lehrer und Lehrerinnen im Rahmen einer Lehrerfortbildung auf den Einsatz der TOMATIS-METHODE vorbereitet werden. Das wird ihre spätere Teilnahme, die von der Begleitung der Hörkurse bis zur Evaluierung geht, erleichtern.

Die Eltern müssen informiert werden, damit eine Unterstützung ihrerseits erfolgt und damit sie Bemerkungen zu den Auswirkungen machen können.

Mit dem Einsatz von Hörkursen müssen schulische Lernziele verfolgt werden, und die pädagogischen Maßnahmen müssen auf die Schüler und ihre jeweiligen Probleme abgestimmt sein.

Gleich um welche Schüler es sich handelt, der Ansatz zur TOMATIS-METHODE ist globaler Natur mit dem Ziel, **eine bessere Arbeitshaltung, mehr Arbeitsbereitschaft, eine bessere Konzentration, mehr Interesse für die Lernin-**

halte und eine **bessere Kommunikationshaltung** zu erreichen.

Zur Anwendung kommen in den Schulen nur Standardprogramme, die jedoch von Hörgruppe zu Hörgruppe unterschiedlich sein können. Die Gruppen werden anhand der Horchtests zusammengestellt.

Alle Programme sind mit erfahrenen Tomatis-Therapeuten abgestimmt.

Im **vorschulischen Bereich** geht es vor allem darum, das Körperschema zu verbessern, zu strukturieren: verschiedene Automatismen müssen sich herausbilden. Der **Sprachfluß** soll ebenfalls angeregt werden, damit sich später **Schreiben, Lesen**, **Orthographie, Grammatik** usw. leichter erlernen lassen.

Im **Oberschulbereich** (collège) stehen die sprachlichen Inhalte im Vordergrund: **Sprachfluß, Atmung, Intonation, phonetische Präzision werden durch das Lesen unter dem Elektronischen Ohr verbessert.**

Bei Gruppen von nicht francophonen Kindern, wie das in Nantes der Fall ist, mußte oft zunächst mit einer Französisch-Integration (Französich als Fremdsprache) gearbeitet werden. Das gilt natürlich auch für die Vorschulgruppen. Das Erlernen von Fremdsprachen ist auch schon durchgeführt worden. Dabei werden jedoch zunächst nur die Schüler ohne besondere Lernschwierigkeiten zusammengefaßt. Die anderen werden erst später mit den Fremdsprachen-Programmen konfrontiert, d.h. wenn sie ein anderes Grundstimulierungs-Programm hinter sich haben.

Die angestrebeten Hörkurse müssen sich in die Institution „Schule“ integrieren lassen, und diese sollte die Mittel für den Ablauf zur Verfügung stellen.

Auch diesbezüglich verlief jedes Projekt anders. Gérard Forneau z.B. ist vom Unterricht freigestellt und kann deshalb recht viele Kinder aus zwei verschiedenen Vorschulen in einem speziell eingerichteten Hörstudio ständig betreuen. Aber er verfügt leider nur über ein Elektronisches-Ohr.

In Le Mans empfängt Frau Pélé die Kinder in ihrem Vorklassenraum, gleich ob sie ihrer Klasse angehören oder nicht. So können die Hörkurse nur zu einer bestimmten Tageszeit stattfinden. Weniger Kinder können behandelt werden, dafür gibt es aber einen täglichen Kontakt mit den Eltern, wenn diese die Kinder abholen.

In beiden Fällen wurden Gruppen von 6 bis 12 Kindern zusammengestellt.

In der Oberschule – wie in Nantes – kommen die Kinder meist in ihrer Freizeit ins Horchstudio. 4 bis 8 Schüler haben 1 bis 2 Elektronische-Ohren zur Verfügung und können mit den jeweiligen Lehrern Unterrichtsstoff nacharbeiten oder einen Teil ihrer Hausaufgaben machen.

Drei Bedingungen für den ordnungsgemäßen Ablauf sollten mindestens erfüllt sein:

1. die Ausbildung der Lehrer
2. die Organisation und pädagogische Begleitung bei den Sitzungen
3. das Material

Zu 1: Ausbildung der Lehrer

Alle betroffenen Lehrpersonen sollten eine Grundausbildung in der Methode haben, damit sie bestimmte Parameter auch in ihren Kursen berücksichtigen können. Die verantwortliche Lehrperson sollte einen kompletten Ausbildungsgang absolviert haben, um die ordnungsgemäße Anwendung zu garantieren, die Tests auswerten zu können, und um Eltern sowie Kollegen für Fragen zur Verfügung stehen zu können.

Zu 2: Organisation

Die Räume, die zeitliche Organisation, die Betreuung müssen von der Administration geregelt werden. Hier sollte nichts der individuellen Improvisation überlassen werden.

Zu 3: Material

Die Materialbeschaffung stellt immer das größte Hindernis dar, weil Investitionsmittel aufgetrieben werden müssen. Bisher hatten nur Einzelinitiativen Erfolg, obwohl sich diese Investitionen im Laufe der Jahre amortisieren und die Hardware verschiedenen Schulen zur Verfügung gestellt werden könnte, wenn sie ordentlich gewartet wird.

Bisher liefen folgende Projekte:

2 collèges (Oberschulen) in Nantes, (Frau Corrigou)
2 Vorschulen in Chanteloup (nahe Paris), (Herr Fourneau)
1 Vorschule in Le Mans, (Frau Pélé)
1 collège (Oberschule) in Le Mans, (Herr Pélé).

Weitere Möglichkeiten sollten gefunden werden.

Gérard Fourneau (Chanteloup)

1. Bedingungen vor Ort

Chanteloup – ca 50 km von Paris entfernt – ist eine Stadt, die zur Zone der „ersten Priorität“ im Schulwesen deklariert wurde. Man könnte sagen, eine „Notstandszone“. 57 % der Bevölkerung sind ausländischer Herkunft, 40 verschiedene Ethnien leben in dieser Stadt, das Einkommensniveau ist gering.

Unter solchen Bedingungen „Schule machen“ heißt: ständig vor Kommunikationsschwierigkeiten zu stehen, ob zwischen Lehrern und Schülern oder den Schülern untereinander. Die Kinder der Ausländer und auch die französischen Kinder werden so gezwungen, mehrere nicht offizielle Sprachsysteme zu erlernen, die den sozialen Bedingungen, dem kulturellen Niveau und der daraus resultierenden Identität entspringen.

Unter solchen Bedingungen muß „Schule“ zunächst Kommunikationsnormen herstellen, ohne die Ursprungssprache der

Ausländer zu disqualifizieren, ohne sie in den Augen der französischen Kinder abzuwerten.

Diese kurze Skizze zeigt, daß es sich für die Schule hierbei um die Lösung eines psycho-sozio-linguistischen Problems handelt, das den Einsatz der TOMATIS-METHODE als pädagogisches Werkzeug rechtfertigt.

2. Projekt

Nach zwei Jahren administrativen Vorlaufs wurde 1991 das Projekt mit dem Namen

„Das ethnische Ohr und die schulische Integration – eine höhere pädagosiche Effektivität"

in Chanteloup aus der Taufe gehoben, genehmigt vom Rektorat der Academie Versailles, finanziert von einer Kasse für soziale Aktionen und von kommunalen Instanzen.

Die Ausbildungskosten des Lehrers und die jährliche Miete des Materials wurden übernommen. Das nationale Schulministerium stellte den Raum zur Verfügung und eine Vollzeitstelle. Der Lehrer mußte seinerseits die Verpflichtung eingehen, 3 Jahre lang (1991 – 1994) statistische Auswertungen vorzunehmen, anhand derer dann über eine endgültige Weiterführung des Projektes entschieden werden könnte. Für die statistische Arbeit erhielt er keinerlei Anleitung, noch Ausbildung.

3. Statistische Erhebungen

Dem Nationalen Schulministeriem geht es um schulische Erfolgsquoten, die einmal durch die institutionalisierte Notengebung zu messen sind:

die quantitative Variable

zum zweiten durch soziale Effektivität:

die qualitative Variable

die natürlich äußerst schwer zu ermitteln ist.

Die TOMATIS-METHODE zielte in ihrer ersten Stufe auf qualitative Verbesserungen, d.h. ein verbessertes Sozialverhalten. Um dieses dokumentieren zu könnnen, mußte eine Kontrollgruppe geschaffen werden – was mit neuen Schwierigkeiten verbunden war. Fragebögen wurden erstellt, die insbesondere die durch die TOMATIS-METHODE üblicherweise verbesserten Faktoren enthielten:

Aufmerksamkeit
Konzentration
Gedächtnisleistung
Lernbereitschaft
Verbalisationsbereitschaft
sprachlicher Ausdruck

Die Einschätzungen wurden von den Vorklassenleiterinnen vorgenommen. Dieses Unterfangen erwies sich als sehr schwierig. Die Kinder waren im Schnitt 5 1/2 Jahre alt. 87 Kinder nahmen am Hörkurs teil, 82 waren in der Kontrollgruppe.

Mädchen und Jungen wurden nicht gesondert erhoben, auch nicht die einzelnen Ethnien. Diese beliefen sich im Schnitt auf

30 % Franzosen
19 % französiche Überseeprovinzen und
Asiaten und Portugiesen
51 % Nord- und Zentralafrikaner

4. Ergebnisse

Erfaßt wurde der Unterschied zwischen der Versuchsgruppe und der Kontrollgruppe nach 5 Kriterien.

Die Hörkurse nach der TOMATIS-METHODE hatten für jede der genannten Fähigkeiten den Effekt:

– vorteilhaft
– im großen und ganzen vorteilhaft
– wenig Auswirkungen
– gar keine Unterschiede
– weiß nicht

Einige Ergebnisse überraschen, besonders diejenigen, die die Musik, das Singen, das Vokabular und die Körperbeherrschung angehen.

Positiv sind jedoch besonders die Kriterien

- Eingliederung in die Klassengemeinschaft
- Erleichterung bei kognitiven Zugängen

herauszuheben.

Wie diese Erfolge sich später in der Grundschule zeigen, wurde bisher nicht verfolgt.

Wichtig bleibt festzustellen, daß die speziellen und so vielseitig sensorisch wirkenden Elemente des TOMATIS-Hörtrainings jedem Kind die Möglichkeit geben, seine Fähigkeiten voll auszuschöpfen. Die Erfolgsmessung müßte in qualitativer Hinsicht verbesseert werden, die Anwendungsmöglichkeiten sollten ausgedehnt werden, und sei es auch nur, weil wir z. Zt. über kein noch besseres Verfahren verfügen.

* * *

Françoise und Jacques Pélé *(Le Mans)*

Die Vorschule „Arthur Rimband" in Le Mans befindet sich ebenfalls in einer pädagogischen Notstandszone. Der überwiegende Teil der Kinder kommt aus sozial schwierigen Verhältnissen.

1991 wurden angesichts der zunehmenden Schwierigkeiten, mit diesen Schülern die festgesetzten Lernziele zu erreichen erste Überlegungen angestellt, die TOMATIS-METHODE in diesem Bereich einzuführen. Es wurde geplant, die TOMATIS-METHODE in der 2. Vorschulklasse zu verwenden, also bei 4 – 5 jährigen Kindern, um rechtzeitig grundlegende Fähigkeiten zu entwickeln, die dann später das Lesen, Schreiben und Rechnen ermöglichen sollen.

Warum ist gerade das TOMATIS-Hörtraining das geeignete Werkzeug, um die vom Unterrichtsministerium festgesetzten

Ziele zu erreichen? Ausgehend von dieser Frage wurde das folgende Schema erstellt, das gleichzeitig einen Teil der späteren Auswertung darstellt. Es entspricht der Entwicklung des Nervensystems von 4 – 5 jährigen Kindern:

1. das Kind setzt seinen Körper ein
2. das Kind entwickelt seine Beziehungen zu anderen
3. das Kind entwickelt sein Verhältnis zur Welt und reichert es an, wird kreativ

Die Eltern wurden informiert und mit einbezogen.

Die Hörkurse laufen jetzt im 4. Jahr. Alle Jahre zeigten etwa ähnliche Ergebnisse, vorgenommen durch Lehrer und Eltern und bestätigt durch die Horchtests.

Die Vorklassenleiterinnen machten folgende Beobachtungen:

- bessere Atmosphäre in der Klasse, Verständnis, Kooperation, Lebensfreude.
- bessere Beteiligung an den verschiedenen Aktivitäten, der Wunsch es schön zu machen, Stolz über das Gelingen.
- die Klasse organisiert sich autonomer, mehr Initiativen, der Wunsch zu wachsen.
- schnelle Fortschritte in der Spache, Aussprache, reicheres Vokabular, Spachfluß leicht und locker.
- höhere Gedächtnisleistung.
- große motorische Fortschritte, Leichtigkeit, Sicherheit, Selbstsicherheit in Bezug auf den Körper.
- bessere Raumorientierung, Freude an mathematischen Spielen.
- Fortschritte im Zeichnen.

Nun zwei Fallbeispiele:

Die Profile der Schüler wurden anhand des Schemas und der Horchtests erstellt: im Oktober 1994 und im Juni 1995.

Zu Maxime:

Aussage der Eltern:
Er hat eindeutige Fortschritte gemacht seit November. Er fühlt sich wohler, ist weniger schüchtern. Die sprachlichen Leistungen wurden ab Dezember besser, dann nochmals im Februar. Er ist wirklich verändert. Alle haben das bemerkt.

und die Lehrerin:
Weniger schüchtern, selbstsicherer, spielt mit den anderen Kindern. Große Fortschritte in der Sprache, spricht mehr, auch mit der Lehrerin. Nimmt an allem teil.

Zu Michèle:

Ihre Muttter sagt:
Sie spricht jetzt zu viel, sie ist gewachsen, will alles alleine machen, ist lockerer, die Aussprache ist besser, sie versteht besser, was gut und böse ist.

und die Lehrerin:
Sie ist weniger ablehnend, beteiligt sich mehr, arbeitet besser mit, versteht was man sie fragt, spielt mit anderen.

Da keine nach Horchtesten differenzierte Gruppen gebildet wurden, wurde bei der Behandlung kein gefiltertes Klang-Material verwendet.

Die Zeichnungen der Kinder zeigten immer ähnliche Themen:

1. Durchgang:	(60 Sitzungen à 30 Minuten)
	Dunkle Farben, Gekritzel, Regen, Schnee, Nacht, Kälte, Nebel, Angst
2. Durchgang:	(30 Sitzungen à 30 Minuten)
	Lebhafte Farben, Hände, Buchstaben, Regenbögen
3. Durchgang:	(30 Sitzungen à 30 Minauten)
	Regenbögen, Feuer, Explosionen, Lust zum Rausgehen, alles selbst tun

Unsere Gegner behaupten, immer keine Evolution zu sehen. Vielleicht können ihnen die Zeichnungen die Augen öffnen und auch die Ohren. . . . . .

* * *

Michelle Corrigou *(Nantes)*

In der Oberschule gibt es die Hörkurse seit 1989. In 5 Jahren wurden 153 Schüler von 3 Schulen der Academie Nantes behandelt. Sie sind zwischen 10 und 13 Jahre alt, gehen in die 6. Klasse und beginnen mit ihrer ersten Fremdsprache.

Jeweils drei Fragebögen wurden an die Eltern verteilt:

1. im September
2. nach dem 3. Durchgang
3. am Ende des Schuljahres im Juni.

Einige Fragerubriken sind speziell für die Eltern, einige für die Lehrer. Die Lehrer aller Fächer beantworteten die Fragen, einige nur teilweise, wenn sie nicht betroffen waren.

Klassenkonferenzen gaben eine Beurteilung zu jedem Schüler. Die Ergebnisse wurden so zusammengefaßt, daß hervorragende Verbesserungen für die Gesamtheit aller Schüler zu erkennen waren.

In allen betrachteten Bereichen hatten die Lehrer Verbesserungen für viele Schüler angegeben. 4/5 schnitten günstig ab. Mehr als die Häfte hielten die Ergebnisse und machten weitere Fortschritte. Für 85 % der Schüler waren die Hörkurse positiv.

Eltern und Lehrer urteilten etwa gleich über den Fortschritt in:

Aufmerksamkeit
Selbstsicherheit
Autonomie
mündliche Ausdrucksfähigkeit
Verständnis

Für rein schulische Kriterien urteilten die Lehrer besser:

Motorik
Vokabular
Lektüre
Schreiben
Mathematik

Sehen wir uns die Bemerkungen der Lehrer genauer an. Durchgängig in allen Fächern wird festgestellt, daß folgende Verbesserungen eingetreten sind:

- schnell eine ruhige Atmosphäre und somit besseres Zuhören, mehr Aufnahme und Konzentration
- mehr Selbstsicherheit und aktivere Beteiligung
- größere Offenheit und der Wunsch es besser zu machen, mehr zu tun, autonomer zu werden
- die Beziehungen der Schüler untereinander und zu den Lehrern wurden besser
- unruhige, schwierige Klassen wurden im Laufe des Schuljahres angenehmer
- die Noten wurden besser.

Die Französichlehrer stellten fest:

Ausdruck, lautes Lesen, Intonation und Interpunktion verbesserten sich.

Die Mathematiklehrer bemerkten:

Geometrische Darstellungen fallen leichter, Graphiken werden leichter dargestellt.

Den Englischlehrern fiel auf:

Die Schüler sind im Mündlichen ausdauernder, sie sprechen leichter nach, die Intonation gelingt besser.

Die Musiklehrer stellten fest:

Der Schulchor vegetierte mit 20 Teilnehmern vor sich hin. Nach einem Jahr Hörtraining umfaßte er 100 Teilnehmer, darunter auch zahlreiche Lehrer.

Wenn das Kind besser behält, was es hört, ich sollte sagen, wenn es bwußt aufnimmt, seine Lektionen mit lauter Stimme lernt, und das über 2 Jahre hinweg, dann verbessern sich gerade die Rechtschreibfähigkeiten, die in den frühen Jahren ständig rückläufig waren. Diese Methode sollte schnell für alle 6. Klassen zur Verfügung stehen.

Zur Zeit haben die Hörkurse keinen festen Platz im Schulwesen. Bemerkungen über zunehmende Lernschwierigkeiten und Wissensvermittlung nehmen zu. Fremdsprachen-Lernen wird in Frankreich immer schwerer. Es gibt verschiedene Vorstöße – und sicher nicht nur eine Lösung.

Überall, wo wir mit unseren Hörkursen aufgetaucht sind, gab es Zuspruch. Die Lehrer bitten immer häufiger um Fortbildung in diesem Bereich. Sie spüren, daß ihnen da etwas fehlt. Die Horchkurse müssen sich zusammen mit anderen pädagogischen Ansätzen entwickeln.

Unserer Meinung nach hängt der zukünftige Einsatz der TOMATIS-Hörkurse von drei wesentlichen Faktoren ab:

1. Einem Bewußtseinsprozeß, betreffend die Funktion des Ohres für die Erziehung von Kindern, einschließlich aller Präventionsmaßnahmen gegen Schädigungsrisiken.
2. Der Anerkennung der Theorie von Dr. Alfred A. Tomatis, die es den Erziehern ermöglicht zu begreifen, wo die Hindernisse sich festmachen, und schließlich
3. Der Schaffung von Hörkursen, die durch ihren originellen Ansatz wesentlich zum Lernerfolg und zur Entwicklung der Kinder beitragen können.

☐

Hör – Atelier, Jahre 1992 – 1993

Fragebogen für die unterrichtenden Lehrer

Name des Schülers:

Klasse:

Fach:

Glauben Sie, daß die audio-vokale Unterstützung für diesen Schüler nützlich war?

recht wenig: ☐ ein bißchen: ☐ sehr: ☐

Haben Sie seit Beginn der Sitzungen eine größere Lern-Motivation festgestellt?

recht wenig: ☐ ein bißchen: ☐ sehr: ☐

	ja	nein	ohne Meinung
Nimmt der Schüler eine bessere Körperhaltung im Unterricht ein?			
Scheint er Ihnen offener, fröhlicher?			
Läßt sich eine Steigerung der mündlichen Ausdrucksfähigkeit feststellen?			
Hat sich sein Textverständnis verbessert?			
Hat sich seine graphische Darbietung verändert? (Schrift, Zeichnung, Schema, Blattaufteilung)			
Änderungen im Verhalten:			
eine größere Nervosität, Unruhe.................			
eine größere Ermüdbarkeit			
ein höherer Tonus			
eine bessere Entspannung...........................			
eine größere Kommunikationsbereitschaft..			

Wo steht er innerhalb der Klasse?

erstes Drittel ☐ zweites Drittel ☐ drittes Drittel ☐

Mögliche Beobachtungen zur Disziplin:

____

____

____

Festgestellte Verbesserungen

im 1. Jahr des Hörtrainings, an den 2 Collèges in Nantes (Collège in Frankreich = 6.- 9. Klasse Gesamtschule)

	Alle Schüler, die am Hörtraining teilnahmen		Alle Schüler, die Schwierigkeiten bei den genannten Merkmalen hatten	
in %	Collège Rutigliano	beide Collèges	Collège Rutigliano	beide Collèges
Aufmerksamkeit	71	76	85	86
Reife	50	51	61	59
Soziale Beziehungen	51	54	82	71
Selbständigkeit	42	45	63	60
Motorik	39	36	49	56
Gedächtnis	50	62	62	77
mündlicher Ausdruck	60	60	85	80
Vokabular	67	75	72	81
Rechtschreibung	47	47	57	60
Lesen	52	58	67	76
Interesse an Lektüre	71	66	80	75
Schriftbild	41	41	52	52
Mathematik	37	43	48	51
Verständnis für den Unterrichtsstoff	65	72	81	83

Festgestellte Verbesserungen

im 1. Jahr des Hörtrainings, an den 2 Collèges in Nantes (Collège in Frankreich = 6.- 9. Klasse Gesamtschule)

Gesamtheit der am Hörtraining teilhabenden Schüler

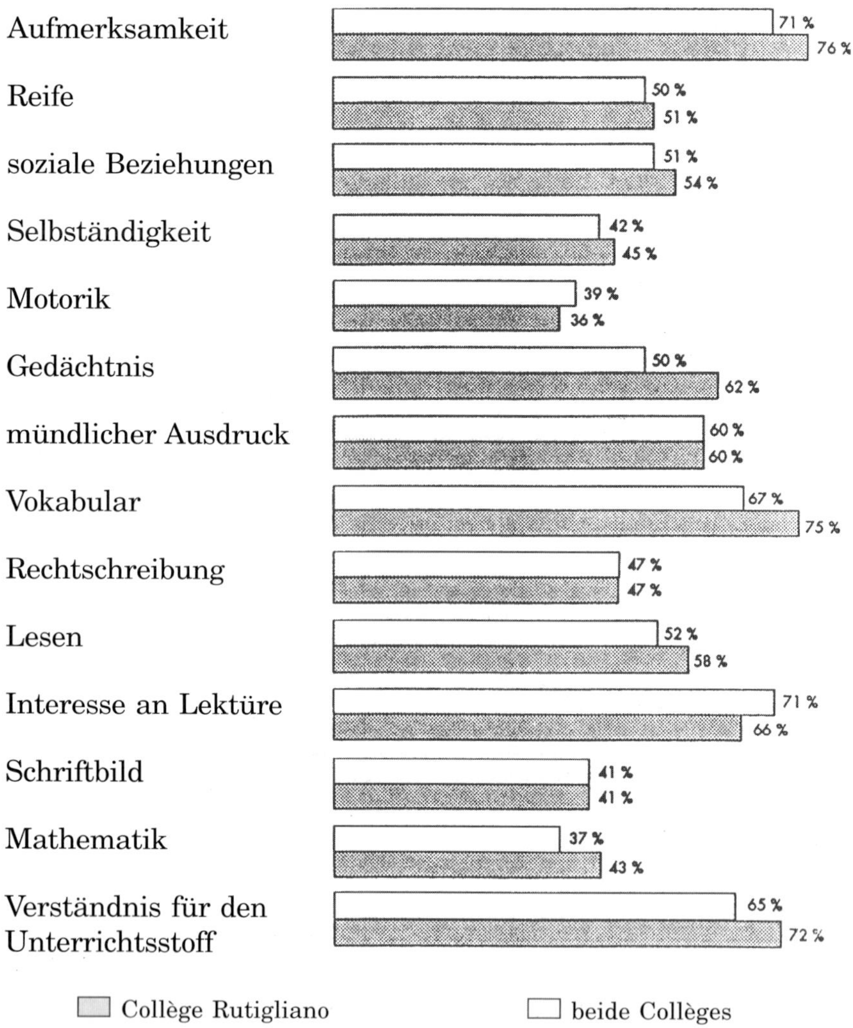

Festgestellte Verbesserungen

im 1. Jahr des Hörtrainings, an den 2 Collèges in Nantes (Collège in Frankreich = 6.- 9. Klasse Gesamtschule)

Gesamtheit der Schüler, die bei den genannten Merkmalen Schwierigkeiten hatten

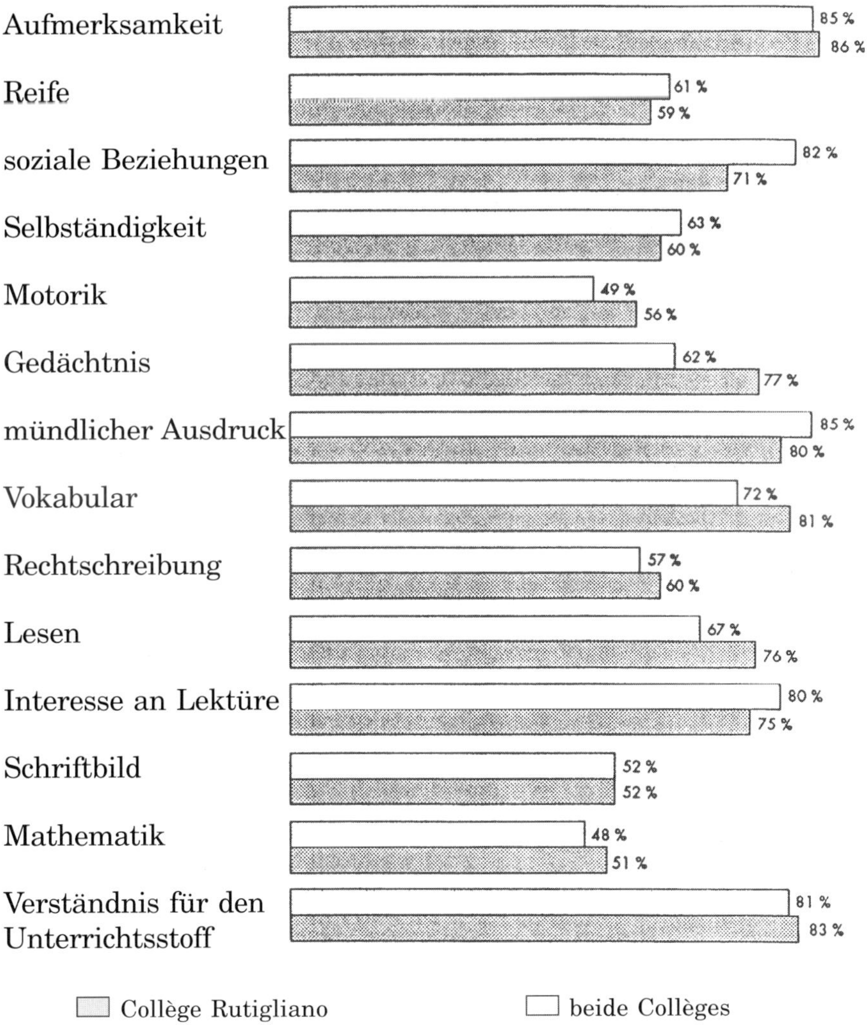

Hör – Atelier, Jahre 1992-93

Fragebogen an die Eltern

Nach Beendigung des Hörtrainings, am Ende des Schuljahres

□ R = Rutigliano
□ NL = La Noe Lambert
□ E = beide zusammen

in %	R	NL	E
Hat / Ist seit dem Ende des Hörtrainings:			
• das Kind die zusätzlichen Fähigkeiten aufrecht halten können	25	25	25
• das Kind die Fähigkeiten halten können und ausbauen können	25	50	38
• das Kind nur einige Fähigkeiten aufrecht halten können	25	12	19
• das Kind alle, während der Sitzungen gewonnenen Fähigkeiten verloren	–	–	–
• Es ist schwierig zu sagen, ob das Kind Fortschritte gemacht hat oder nicht	25	13	18
• Die Teilnahme an den Sitzungen für waren für mein Kind schädlich.	–	–	–
Ganz allgemein, meinen Sie, daß die Teilnahme am Hörtraining für ihr Kind:			
• von Vorteil war	91	88	90
• von Nachteil war	–	–	–
• nichts gebracht hat	–	–	–
• keine sichere Einschätzung der möglichen Veränderungen erlaubt....	–	–	–
• kein Kommentar	9	12	10
Zeigt ihr Kind seit Beginn der Sitzungen unter dem Elektronischen Ohr mehr Interesse für konstruktive Aktivitäten? (z.B. Teilnahme an sozialen oder familiären Unternehmungen, persönliche Zielsetzungen, Hobbies...)			
• mehr	50	25	38
• weniger	–	–	–
• gleich	50	75	62

• Wenn das Interesse Ihres Kindes an seiner Umgebung und den konstruktiven Aktivitäten immer gut war, beschreiben Sie in wenigen Worten die Veränderungen, die Sie bemerken konnten:
....
....
....
....

Andere Beobachtungen: ....
....
....
....

Hör – Atelier, Jahre 1992-93

Fragebogen an die Eltern

(Offene und geschlossene Fragen kombiniert)

□ R = Rutigliano
□ NL = La Noe Lambert
□ E = beide zusammen

in %	R	NL	E
Haben Sie seit Beginn des Hörtrainings eine Steigerung der Lernbereitschft festgestellt?			
• gesteigert	50	50	50
• geringer	–	–	–
• gleich geblieben	50	50	50
• Wenn die Lernbereitschaft Ihres Kindes immer gut war, notieren Sie kurz, was sie sonst beobachtet haben:			
Hat sich seit Beginn der Sitzungen die Haltung Ihres Kindes gegenüber der Schule			
• verbessert	62	100	81
• verschlechtert	8	–	4
• ist gleich geblieben	30	–	15
Haben Sie seit Beginn der Sitzungen unter dem Elektronischen Ohr Verhaltensveränderungen bemerkt?			
• besseres Verhalten	55	88	72
• gleich geblieben	45	12	28
• Wenn das Verhalten Ihres Kindes immer gut war, beschreiben Sie kurz beobachtete Veränderungen:			
Haben Sie seit Beginn des Hörtrainings Veränderungen des Kindes im Verhältnis zu anderen Familienmitgliedern bemerkt?			
• besseres Verhältnis	19	38	29
• schlechteres Verhältnis	–	–	–
• keine Änderungen	73	62	68
• Wenn die Beziehungen zu den anderen Familienmitgliedern immer gut waren, beschreiben Sie kurz, was Sie sonst bemerkten:			
Haben Sie seit Beginn der Behandlung eine Veränderung des Selbstwertgefühls festgestellt (Selbstvertrauen, Launenhaftigkeit, Entfaltung...)			
• mehr Selbstwertgefühl	37	50	44
• keine Änderung	63	50	56
• Beschreiben Sie in wenigen Worten, was Ihnen aufgefallen ist:			

18.

Adressenverzeichnis

Interessierte Personen können ihre Anfragen bezüglich aller Einzelheiten über eine Ausbildung in Audio-Psycho-Phonologie, die unter der persönlichen Leitung von Dr. A. Tomatis stattfindet, an folgende Adresse richten:

Alfred A. Tomatis Foundation Limited
3 Wallands Crescent, Lewes
East Sussex BN & 2QT
Telefon-Nr.: 44 (0) 12 73 47 86 66 / 47 48 77
Fax-Nr.: 44 (0) 12 73 48 75 00

* * * * * * *

An der Therapie interessierte Personen richten ihre Anfrage entweder an die unten aufgeführte Adresse der Fachgemeinschaft oder wenden sich direkt an das Zentrum, das in ihrer Nähe liegt.

Deutsche Fachgemeinschaft
für Audio-Psycho-Phonologie (FAPP)
Nürnberger Str. 18a
91207 Lauf / Nürnberg
Telefon-Nr. 0 91 23 / 98 21 00
Fax-Nr.: 0 91 23 / 98 21 00

Alle aufgeführten Zentren sind Mitglieder der „Deutsche Fachgemeinschaft für Audio Psycho-Phonologie (FAPP)“.

10585 **Berlin,** Haubachstraße 24,
Hörstudio für Audio-Psycho-Phonologie
Telefon: 030 / 347 037 83

21493 **Schwarzenbek,** Seestern-Pauly-Str. 13,
Zentrum für Audio-Psycho-Phonologie
Telefon: 04151 / 44 74

22765 **Hamburg,** Museumsstraße 18,
Studio Atlantis für Audio-Psycho-Phonologie
Telefon: 040 / 39 59 29

28215 **Bremen,** Hemmstraße 212,
Praxis für Hörtherapie und analytische Kunsttherapie
Telefon: 0421 / 376 23 93

40545 **Düsseldorf,** Luegallee 39,
Hörstudio für Audio-Psycho-Phonologie
Telefon: 0211 / 559 15 15

47475 **Kamp-Lintfort,** Markgrafenstraße 2,
Praxis für Audio-Psycho-Phonologie
Telefon: 02842 / 91 755 und
55 99 65

63128 **Dietzenbach Frankfurt a. M.,** Theodor-Heuss-Ring 62,
Institut für Audio-Psycho-Phonologie
Telefon: 06074 / 2 98 43

75438 **Knittlingen 2,** Maulbronner Steige 2,
Zentrum für Audio-Psycho-Phonologie
Telefon: 07043 / 92 01 06

81673 **München,** Josephsburgstraße 6,
Praxis für Audio-Psycho-Phonologie
Telefon: 089 / 4 36 12 53 + 43 31 00

91207 **Lauf/Nürnberg,** Nürnberger Str. 18a,
Gemeinschaftspraxis für Sprach-, Horch- und Lernpädagogik
Telefon: 09123 / 60 63

Stand November 1998

Literatur

Weitere Bücher von Alfred A. Tomatis:

In deutscher Sprache erschienen:

„Der Klang des Lebens", Rowohlt, 1987, ISBN 3-498-06491-6

„Klangwelt Mutterleib", Kösel, 1994, ISBN 3-466-34308-9

„Das Ohr und das Leben", Walther-Verlag ,1995, ISBN 3-530-88251-8

„Der Klang des Universums", Artemis & Winkler, 1997, ISBN 3-538-0747-4

In französischer Sprache erschienen:

„L'Oreille et le Language", de Seuil, 1963, ISBN 2-0201-3031-9

„Education et Dyslexie", Les Editions E S F , 1972, ISBN 2-7101-0885-2

„De la Communication Intra-Utérine au Language Humain", Les Editions E S F, 1974, ISBN 2-7101-0690-6

„L'Oreille et la Voix", Robert Laffont, 1987, ISBN 2-2221-06834-3

„Vertiges", Ergo Press, 1989, ISBN 2-7395-0019-X

„Nous sommes tous nés Polyglottes", Fixot, 1990, ISBN 2-87645-106-9

„L'Oreille et la Vie", Robert Laffont, 1977, ISBN 2-221-06834-3